Roswitha Maria Gerwin · Wenn Shiva tanzt

Die weibliche Kraft im Yoga

Roswitha Maria Gerwin

Wenn Shiva tanzt

Die weibliche Kraft im Yoga

Theseus Verlag

© Theseus in J. Kamphausen Verlag & Distribution GmbH, Bielefeld 2011

Layout/Satz: Ingeburg Zoschke, Berlin
Lektorat: Susanne Klein
Umschlaggestaltung: Morian & Bayer-Eynck, Coesfeld, www.mbedesign.de
Umschlagfoto: © Elena Kovaleva / Fotolia
Druck & Verarbeitung: Westermann Druck Zwickau GmbH

www.weltinnenraum.de

1. Auflage 2011

Bibliografische Information der Deutschen Nationalbibliothek:
Die Deutsche Nationalbibliothek verzeichnet diese Publikation
in der Deutschen Nationalbibliografie;
detaillierte bibliografische Daten sind im Internet über
http://dnb.d-nb.de abrufbar.
ISBN 978-3-89901-455-6

Dieses Buch wurde auf 100 % Altpapier gedruckt und ist alterungsbeständig.
Weitere Informationen hierzu finden Sie unter
www.weltinnenraum.de

Inhalt

Namaste

Ich ehre den Ort in Dir,
in dem das ganze Universum wohnt.
Ich ehre den Ort in Dir,
der voller Liebe, Wahrheit, Licht und Frieden ist.
Wenn Du an diesem Ort in Dir verweilst
und ich an diesem Ort in mir,
existieren keine Grenzen mehr und wir sind
eins.

Vorwort

Wenn Shiva tanzt und alles fließt,
von der Bewegung zur Ruhe
und von der Ruhe zur Bewegung;
bis zur Bewegung in der Ruhe
und der Ruhe in der Bewegung,
dann, ja dann sind wir eingeschwungen
in den Tanz des Universums.

Diese meine Gedichtzeilen tragen den integrativen Gedanken von Ost und West in sich selbst. Die Hindu-Gottheit Shiva als ein Symbol der östlichen Tradition und die Formel »Alles fließt« des griechischen Philosophen Heraklit als Beispiel für westliche Philosophie spiegeln jeweils eine zeitlose Bewusstwerdung und vertiefte Erfahrung im spirituellen Sein.

Die bewegende Kraft Shivas ist Shakti, die göttlich-weibliche Energie, um die es in diesem Buch geht. Das bewegende Prinzip der Shakti wird in der Yoga-Praxis zum Fließen gebracht, wobei der Atem als Musik zur Bewegung fungiert.

Im Hinduismus gelangt die Shakti, die kosmische Kraft, sogar in den Rang einer Muttergottheit, die sowohl das Universum mit all seinen Wesen als auch die vielfältigen Manifestierungen der Götter trägt und hält.

Im Tantrismus bedeutet diese Ausrichtung auf die weibliche Urkraft auch eine Art religiöser Wiederentdeckung des Geheimnisses der Frau, denn jede Frau wird dabei zu einer Inkarnation der Shakti. Das Weibliche erfährt eine große Wertschätzung, und zum ersten Mal in der indischen spirituellen Geschichte hat die »Große Göttin« eine Vorrangstellung inne.

Wie der Indologe Heinrich Zimmer bemerkt, hatten die Götter »ihre Energien zu der uranfänglichen Shakti, der Einen Kraft, der Quelle, zurückgewandt, aus der ursprünglich alles stammte, und das Ergebnis war eine große Erneuerung des ursprünglichen Zustandes universaler Macht und Stärke.«[1]

Es heißt auch, dass sich die Götter an die Shakti wenden, wenn der Kosmos bedroht ist. Ein berühmter Mythos erzählt, wie die große Göttin in einer sehr bedrohlichen Lage geboren wurde und sie ihre Kraft zur Rettung des Universums einsetzte: »Ein monströser Dämon, Mahiṣa, bedrohte das Universum und sogar die Existenz der Götter. Brahmā und das ganze Pantheon wandten sich um Hilfe an Viṣnu und Śiva. Von Zorn geschwellt gaben alle Götter ihre Kraft von sich in Gestalt eines Feuers, das aus ihrem Munde austrat. Diese Feuer bildeten zusammen eine feurige Wolke, welche schließlich die Form einer Göttin mit achtzehn Armen annahm. Und dieser Göttin, der Śakti, gelang es, das Monstrum Mahiṣa zu zerschmettern, womit die Welt gerettet war.«[2]

Auf eine herausragende Persönlichkeit des 20. Jahrhunderts, die die Shakti-Kraft auf beeindruckende Weise verkörpert hat, möchte ich in diesem Buch näher eingehen: Mira Alfassa (1878–1973), »die Mutter« genannt. Sie war die spirituelle Gefährtin des großen indischen Philosophen und Yogis Sri Aurobindo und hat viel dazu beigetragen, dass in der Nähe seines Ashrams die Zukunftsstadt Auroville verwirklicht wurde. Sri Aurobindo würdigte ihr Schaffen als Shakti, als universale Mutter, gemäß der indischen Philosophie der vier weiblichen kreativen, erschaffenden Kräfte des Universums, in Form von vier Göttinnen – Maheshwari, Mahakali, Mahalakshmi und Mahasaraswati.

Diese vier Aspekte der Shakti, die in einer unendlich großen Anzahl von Göttinnen manifestiert sind, von denen nur die berühmtesten hier beleuchtet werden sollen, können uns zu einem neuen Einblick in die östliche Kultur führen, deren wir Westler so sehr bedürfen.

Sieh, der große Gott tanzt –
Shiva, der Alleszerstörer und Schöpfergott,
der Meister des Yoga und Schleuderer des Dreizacks.
Seine Flammenlocken füllen den Himmel.
Die sieben Welten spielen den Rhythmus,
und die bebende Erde zerbirst fast,
während der große Gott tanzt.

Swami Vivekananda

Sri Aurobindo selbst hat keine Hatha-Yoga-Praxis in seinem Integralen Yoga angegeben. Vielmehr lehrte er ein Hineinschauen in menschliche Gründe und Abgründe und erhob den Menschen zu dem, was er im Wesentlichen ist. Mit der gesamten Philosophie des Westens und des Ostens vertraut geworden und selbst in die Erfahrung großer Erleuchtung gekommen, integrierte Sri Aurobindo diese Terminologien und nannte sein Yoga den »Integralen Yoga«, der sich im Wesentlichen mit den Intentionen der »Integralen Spiritualität« trifft.

Vor über 25 Jahren wurde ich mit dem Werk Sri Aurobindos vertraut gemacht und vertiefte mich darin. Es wäre vermessen zu behaupten, dass ich ihn verstanden hätte, aber mein Interesse war übergroß. Zu der damaligen Zeit gab es in Essen eine Gruppe, die mit Auroville, der Zukunftsstadt im Südosten Indiens, in Verbindung stand und regelmäßig zu Lesungen aus dem Werk Sri Aurobindos und zu Meditationen zusammenkam. Einige der Teilnehmer hatten Sri Aurobindo und die Mutter noch selbst erlebt. Ich erwarb auch zahlreiche Kassetten mit Originalaufnahmen der Mutter und nahm an Gesprächen darüber, an Lesungen und Meditationen teil. Zur gleichen Zeit assistierte ich dem Zen-Meister und Jesuitenpater Hugo M. Enomiya-Lassalle im Ruhrgebiet bei einigen Seminaren. Pater Lassalle berichtete mir von seinen Besuchen in Auroville, und wir führten tiefe Gespräche. Einmal fragte ich ihn, was er von Sri Aurobindos Buch *Savitri* halte, und er antwortete blitzschnell: »Jedes Wort ein Mantra.« Irgendwann geschah etwas, das mich tief in das Werk Sri Aurobindos eintauchen ließ und bis heute nicht verlassen hat. Doch davon später mehr …

Die Schöpfung als Liebesweg der Shakti

Der Weg der Shakti, der sowohl als Schöpfungsprozess als auch als Liebesweg angesehen werden kann, beschreibt den Menschwerdungsprozess.

Nach der Mythologie des indischen Tantrismus hat sich die Shakti, die weibliche Energie Gottes, aus der Einheit mit ihrem Gemahl Shiva gelöst und sich in einem Entwicklungsprozess vom Kausalen über die Feinstofflichkeit bis ins Grobstoffliche verkörpert.

Aus dieser Abstufung ist eine Welt entstanden, die im Großen als Makrokosmos und im Kleinen als Mikrokosmos bezeichnet wird. So hat sich die Energie der Shakti in der Vielheit der Schöpfung wiedergefunden und drückt sich auf unterschiedlichen Ebenen auch im Bewusstsein des Menschen aus.

Der Abstieg bis in die Materie scheint ein Weg der Liebe zu sein, um in der Geschöpflichkeit göttliches Bewusstsein zu hinterlassen, die es durch die eigene Bemühung vom Grobstofflichen über das Feinstoffliche bis zum Kausalen wiederzuerwecken gilt.

Dieser umgekehrte Weg zurück zur Einheit wird von einer unbestimmten Sehnsucht des Menschen getragen und kommt aus der Erinnerung daran, dass es »etwas Größeres« gibt.

Von solcher Sehnsucht ausgehend wurde im Tantrismus ein System feinstofflicher Energiezentren, Chakras genannt, entwickelt, das uns den Weg der Shakti zurück zur Einheit veranschaulicht und uns auch entsprechende Hilfe im Leben sein kann.

Der wahre »Liebesweg der Shakti« zurück zur Einheit ist jedoch kein einfacher Weg, denn es ist unser Lebensweg. Und es liegt an uns, auf welchen Pfaden wir wandeln: ob wir die geraden Wege bevorzugen oder ob wir auch einmal Umwege gehen, wenn sie für unsere Wandlung von Bedeutung sind. Denn dieser Liebesweg führt unweigerlich zu Veränderungen im Leben, und das kann schmerzlich sein.

Es ist wichtig zu verstehen, dass die göttlich-weibliche Energie, die durch die Shakti symbolisiert wird, nicht geschlechtsspezifisch gemeint ist. Diese bewegende Shakti-Energie greift tief in die Psyche eines jeden Menschen ein und möchte auf allen Bewusstseinsebenen den Wandlungskräften Raum geben. Das Mittel für diesen Brückenschlag ist Yoga, denn Yoga ist der »Weg«.

Der Lotos ist in der indischen Bilderwelt ein Symbol der Reinheit und der Schöpferkraft. Gleich dieser Lotospflanze, die durch die Chakras aufsteigt, können entsprechende Bilder auch in einer geführten Meditation Unterstützung geben und den Entwicklungsprozess fördern.

Die Lotospflanze aus der Familie der Seerosengewächse hat ihre Wurzeln in Morast und Schlamm. Sie strebt von dort nach oben durch das oft trübe Wasser von Tümpeln und Sümpfen. Wenn wir dies als Analogie für unseren eigenen Prozess benutzen, steigt der Lotos in uns auf aus der Dunkelheit – der untersten Stufe der Materie – und erhebt sich zum Licht.

Dieser Vorgang wiederholt sich in der Natur jedes Jahr. Sind ihre Früchte gereift, stirbt die Pflanze ab, um im nächsten Frühling erneut durch den Schlamm nach oben zu wachsen. So macht sie den ewigen Kreislauf von Werden und Vergehen sichtbar. Außerdem wirkt sie mütterlich nährend, denn sowohl ihr Fruchtstand als auch ihre Wurzeln sind essbar. Bei Nahrungsknappheit soll sie, die wucherndes Wachstum entwickelt, die Menschen ganzer Landstriche vor dem Verhungern gerettet haben.

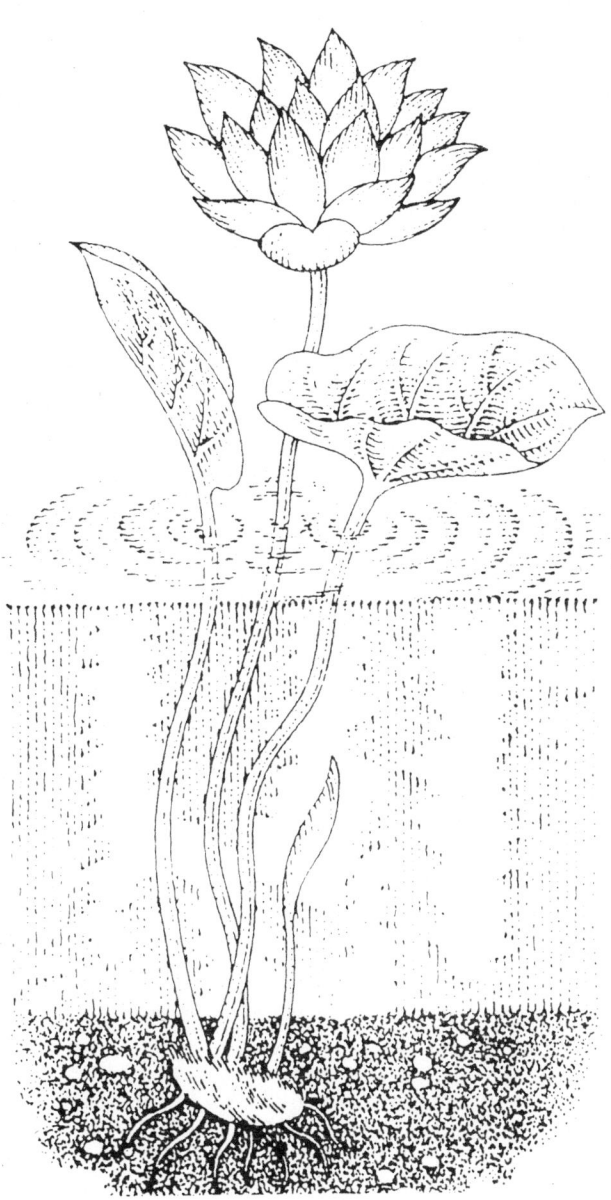

Die Lotospflanze

Verfolgen wir die Stufen des Aufstrebens der Lotospflanze anhand unseres Chakra-Modells (siehe Abb.): Sie wurzelt im ersten Chakra, dem vierblättrigen Lotos. Im sechsblättrigen Lotos, dem Sakralchakra, unserem Wasserzentrum, bildet sie Blattknoten. Im Feuerzentrum oder Nabelchakra wachsen ihr die Blätter. Im Herzzentrum entstehen die Blütenknospen des Lotos. Im Kehlzentrum beginnt sich die Blüte zu entfalten, die sich dann im Stirn- und im Kronenzentrum zu voller Pracht öffnet.

Wie die Lotosblüte, aus dem Schlamm aufsteigend, oben im Licht rein und in voller Schönheit strahlt, so bleibt – nach östlicher Anschauung – auch das wahre Wesen des Menschen auf seinem Weg durch die Dunkelheit und Mühsal vieler Leben rein und unberührt, bis dieses wahre Wesen im Vorgang der Erleuchtung sichtbar wird und nach außen wirkt.

Es ist von Anfang an vollkommen. Nichts muss weggenommen und nichts muss hinzugefügt werden. Es kann sich jederzeit, also auch jetzt in diesem Augenblick, offenbaren, wenn das Ewige in das Zeitliche bricht.

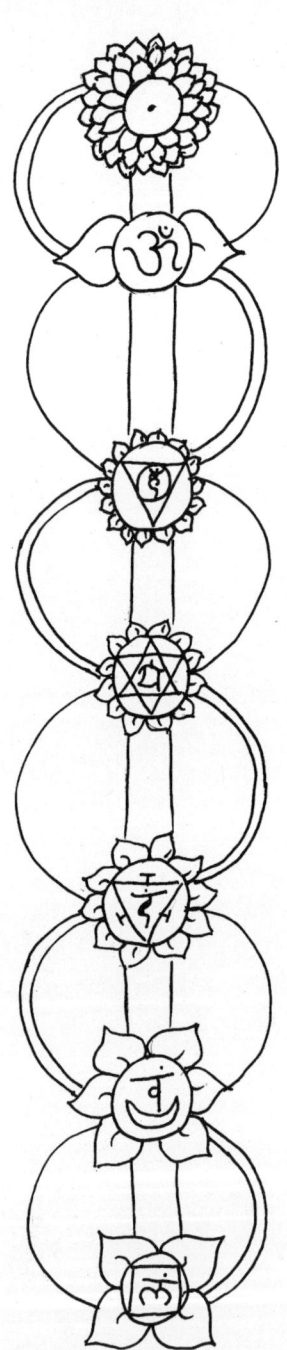

Die sieben Chakras

Praxis 1

Geführte Meditation – Lotosblume

◎ Setzen Sie sich aufgerichtet auf ein Kissen, ein Meditationsbänkchen oder einen Stuhl und lenken Sie Ihre Aufmerksamkeit auf den Atem. Einatmend geben Sie den Aufrichte-Kräften Raum und ausatmend gründen Sie sich in Ihrer Basis.

◎ Visualisieren Sie nun eine Lotosblume, die tief im Schlamm wurzelt und durch das Wasser zur Oberfläche strebt, bis in den Luftraum zum Licht, wissend, dass »das Licht« das Wachstum fördert, und folgen Sie nun stufenweise der folgenden Anweisung:

◎ Lassen Sie die Ausatem-Energie in Ihr Becken fließen, zum untersten Zentrum, dem Mūlādhāra-Chakra, dahin, wo die Shakti aufgerollt liegt, und dem Energiekanal Sushumnā. Dies ist das Wurzelzentrum.

◎ Visualisieren Sie dort die Wurzeln der Lotosblume, wie sie sich tief in den

Schlamm der Erde vergraben, und beleben Sie sie durch Ihre Ausatem-Energie bis in die entferntesten Wurzelspitzen.

◎ Lenken sie beim nächsten Einatmen die Aufmerksamkeit zum nächsten Zentrum, dem Svādhisthāna-Chakra, und lassen Sie sich bei jedem Ausatmen dort ein. Stellen Sie sich vor, wie sich hier, im Wasserzentrum, die Blattknoten der Lotosblume am Stiel bilden.

◎ Spüren Sie dann einatmend und weiter wachsend durch das Wasser hinauf zum nächsten Zentrum, dem Manipūra-Chakra, und lassen Sie sich wieder bei jedem Ausatmen dort ein. Stellen Sie sich vor, wie sich in diesem Feuerzentrum die Blätter bilden, und lassen Sie sich zur Entfaltung Zeit.

◎ Atmen Sie sich weiter wachsend hinauf zum nächsten Zentrum, dem Herzzentrum (Anāhata-Chakra), über der Wasseroberfläche und visualisieren Sie die Blütenknospe der Lotosblume. Stärken Sie sie mit der Energie Ihres Atems.

◎ Atmen Sie sich durch den Luftraum zum Halszentrum, dem Vishuddha-Chakra, und lassen Sie die Knospe in Ihrer Vorstellung und im Atem schon etwas mehr entfalten.

◎ Kommen Sie über Ihren Atem weiter hinauf zum Stirnzentrum, dem Ājña-Chakra, wo sich nun die Blüte in Ihrer Atemschwingung sehr weit öffnet, und verweilen Sie dort.

◎ Hoch über Ihrem Kopf und hoch über dem Wasser entfaltet sich nun die Lotosblüte ganz im Licht des Tausendblättrigen Lotos, dem Sahasrāra-Chakra. Atmen Sie sich weich hinein und lauschen Sie in die Stille.

Aus den unzähligen Göttern und Göttinnen der indischen Mythenwelt kann sich ein religiöser Hindu die passende Gottheit für seine momentane Situation wählen und sich im Gebet an diese wenden, Hilfe erbitten oder seine Verehrung ausdrücken. In dritten Kapitel sollen verschiedene Göttinnen in ihrer Vielfalt beschrieben werden, im Wissen darum, dass es sich bei allen Aspekten um Seelenkräfte handelt, die tief im Menschen wurzeln.

Um die große Übereinstimmung der Shakti mit der göttlichen Mutter zu sehen und zu finden, soll ein Exkurs zur »Erlöserin im Erlösten« als Brücke dienen. Dabei beziehe ich mich hin und wieder auf Ausführungen des Autors

Hans Torwesten, der im Gegensatz zu den meisten Anhängern der sogenannten Erlösungsreligionen – christlicher oder östlicher Prägung – das Weibliche nicht umgeht, sondern darauf besonders eingeht.

Denn die Tradition scheint leider bisher meist so ausgerichtet gewesen zu sein, dass es stets mehr um die Erlösung *vom* Weiblichen als um eine Erlösung *durch* das Weibliche geht. »Diese Ansicht, Erlösung vom Weiblichen, bleibt das große Hindernis, wie ein Drache der Versuchung, der vom männlichen Helden überwunden werden muss. In einer männlich-väterlich orientierten Religion kann das ›Du bist voll der Gnade‹ (Mutter-Gottes-Gebet) eigentlich nur so interpretiert werden, dass der väterliche Gott die weibliche Magd mit seiner Gnade *füllt*, sie kann keine Gnade aus sich selbst verströmen – oder eben nur in dem Sinne, dass sie die erhaltene Gnade weitergibt.«[3]

Wie erlösend und anmutig zugleich erscheinen uns daher viele Werke von Dichtern, denen das Angenommensein von der Frau gleichgesetzt war mit dem Angenommensein von Gott. Zum Beispiel Dante, der sich von seiner Beatrice erst zum wahren Menschen erhoben fühlte, oder Rainer Maria Rilke, dem die große Lou Andreas-Salomé zu tieferem Ausdruck verhalf. Der Dichter sah sie als die Verkörperung der Weisheit (Sophia) und hat durch ihre Nähe erlösende und heilende Erfahrungen gemacht. Auch für sie wird Rilke »das erstmalig Wirkliche« und »in Leib und Mensch ununterscheidbar eins«, so dass er ausruft:

> *Du meine Juninacht mit*
> *tausend Wegen,*
> *auf denen kein Geweihter*
> *schritt vor mir –*
> *ich bin in Dir!*

Die mütterliche Seite Gottes – die Shakti – erlaubt es dem Menschen, sich zu regenerieren und neue Kräfte zu sammeln. Sie bringt gesunden Kontakt zur Erde und ihren heilenden Kräften. Im Yogaunterricht wird vermittelt, dass das »An-die-Erde-Schmiegen« während der Entspannung innere Zerrissenheit und Kopflastigkeit oft erst bewusst macht, dann aber als eine Rückbesinnung auf alles Natürliche wirkt. Das hat zur Folge, dass Yoga nicht mehr nur als eine

Therapie für unsere Zivilisationskrankheiten gebraucht wird, sondern gleichsam auch als »Sprungbrett« zum Verständnis der Shakti dient.

Schon Goethe wusste: »Das Ewig-Weibliche zieht uns hinan.« Und weil sich für den Mann normalerweise die Schönheit nun einmal in der Frau verkörpert hat, kann ein Dostojewskij schreiben: »Die Welt wird durch die Schönheit erlöst.« Das Antlitz der Schönheit besitzt auch eine gewisse *Unberührtheit*. Der Mann, der gern alles besitzt und verschlingt, kann im Kontakt mit ihr Anbetung und Verehrung lernen. Es geht jedoch nicht darum, dass die Geliebte wie im blassen Dunst der Ferne ganz entschwindet und der Liebende eigentlich nur noch seine Liebe lebt.

Die Lösung kann nur in der Begegnung mit dem göttlichen und menschlichen Du gesucht und gefunden werden. Das Du schaut mich vor allem durch die Augen an, und die kann ich nicht *besitzen*. Wenn ich den Kontakt zu diesen Augen verliere, wird das Du augenblicklich zum Objekt. Solange jedoch die Verbindung besteht, gewinnt alles, auch die Sinnlichkeit, etwas von der Heiligkeit einer Beziehung vom Ich zum Du, die nichts mit Sentimentalität zu tun hat. Entscheidend dabei ist, inwieweit ich fähig bin, mich wirklich zu öffnen und ganz zu verschenken.

In der göttlichen Mutter – der Shakti – trifft nun gerade der Mann auf das transzendente Du, das ihn anschaut. Und weil die Mutter nicht nur transzendente Person ist, sondern auch die Sinnlichkeit des ganzen Universums in sich fasst, bekommen alle Dinge »Augen«, die anschauen. Dieses Anschauen ermöglicht Annahme und Verwandlung, so dass Liebe und Erkennen zueinander wachsen können und ihre Einheit feiern.

Künstler und Mystiker haben diese Vereinigung schon immer praktiziert und sich dessen nicht geschämt. Die westliche Vater-Religion lässt dafür jedoch wenig Raum.

Der bengalische Heilige Sri Ramakrishna zum Beispiel tanzte und sang seine Verehrung der göttlichen Mutter, warf sich da, wo er gerade war, anbetend nieder und schämte sich nie und vor keinem Menschen dafür. Diesem tiefen Empfinden nachspürend, kamen mir die folgende Worte:

Von Ewigkeit umhüllt,
fass ich leise Deine lieben Flügel.
Verbrannt vor langer Zeit;
geheilt in vielen Armen,
die engelgleich liebkosten.

Doch Dein Gesicht
hielt niemand je zuvor,
denn meine Hände,
neu geboren,
beteten dabei
und fühlten Gottes Angesicht
im »Ich bin Du«.

Mögen die Göttinnen nun auch mir beistehen, um etwas mehr Licht in das Dunkel zu bringen.

1.
Tantra – Nährboden für weibliche Gottheiten

Es war schon ein Ereignis, als sich eine religiöse Bewegung ab Mitte des ersten Jahrtausends n. Chr., von Nordindien ausgehend, über ganz Asien ausbreitete und nicht wie bisher asketisch die Welt überwinden, sondern einen Weg »*mit der Welt*« aufzeigen wollte. Bisher waren alle spirituellen Wege darauf hinausgelaufen, »sich *aus* der Welt« hinauszubegeben. Die traditionellen Texte wurden zwar weiterhin benutzt, aber durch weitere Schriften, sogenannte Tantras, ergänzt. Tantras oder Tantra bedeutet »Webstuhl« oder »das, was sich hindurchzieht«. Bekannt und bedeutend wurden das Kula-Arnava-Tantra und das Maha-Nirvana-Tantra, die vor allem mit Bildern und Symbolen arbeiten wie dem Tantra Mandala, dem Shrī-Yantra.[4] Ein Yantra, wörtlich »Stütze, Instrument«, ist ein mystisches Diagramm, das als Symbol des Göttlichen verwendet wird. Shrī-Yantra bedeutet »Yantra des Erhabenen«. Dieses wichtigste Yantra des hinduistischen Tantra besteht im Wesentlichen aus neun einander überlagernden Dreiecken, die um einen Punkt (Bindu) konzentriert sind. Die fünf mit der Spitze nach unten gerichteten Dreiecke stellen Shakti dar, die vier nach oben gerichteten Dreiecke Shiva.

Mookerjee und Khanna schreiben über dieses Yantra: »Das Shrī-Yantra ist ein Symbol für die der Shakti eigene Gestalt (svarūpa), ihre Mächte und Emanationen, und damit ein Symbol für das stufenweise Herabschreiten der Shakti in das Sichtbare, d. h., es zeigt die Gestalt des Universums (vishvarūpa). Es ist eine

bildliche Illustration des kosmischen Feldes der Schöpfung. Wie die Schöpfung
selbst, so trat auch das Shrī-Yantra durch die Kraft des uranfänglichen Verlangens ins Sein. Der Impuls des Verlangens (kāmakalā), hervorgebracht durch Prakriti, erzeugt eine Bewegung (spanda), die sich in der Schwingung des Klanges
(nāda) äußert. Diese Manifestation wird durch einen Punkt oder Bindu dargestellt … Dieser ist der Kern der verdichteten Energie, der Keim des Urklanges
und der dynamische sowie der statische Aspekt der Zwei (Shiva/Shakti) in
einem. Er beinhaltet alle Möglichkeiten des Werdens … Der Punkt nimmt
einen Radius an, die Polarisation von Shiva und Shakti vollzieht sich, die dynamischen und statischen Energien treten in Wechselbeziehung, und es ergeben
sich zwei weitere Punkte, wodurch eine Triade von Punkten gebildet wird –
das uranfängliche Dreieck oder Mula-Trikona.«[5]

Der im Zitat erwähnte Bindu, wörtlich »Punkt«, steht als Symbol für das
nicht-manifestierte Universum. In dem Prozess, der im Shrī-Yantra dargestellt
ist, fließt aus diesem einen Punkt die Schöpfung und führt über mehrere Stufen

bis zur Schaffung der irdischen Welt. Übt ein Meditierender mit dem Symbol des Shrī-Yantra, wird in der geleiteten Meditation dieser Prozess von der materiellen Ebene ausgehend zurückverfolgt, »bis der Meditierende im Bindu seinen gestaltlosen Ursprung, das ›ganz aus Seligkeit Bestehende‹ (sarva-ānandamaya) erfährt und mit diesem eins wird.«[6]

Im Tantrismus wird in vielfältiger Weise mit geometrischen Symbolen, wie Mandalas und Yantras, gearbeitet, um die Beziehung von Mikrokosmos und Makrokosmos darzustellen. Einige Symbole dienen auch der Verschlüsselung von Texten, die nur Eingeweihten zugänglich sein sollen.

Neben diesen geometrischen Symbolen sind auch Mantras und Mudrās wichtige Bestandteile des Tantra. Mantras, wörtlich »Werkzeuge des Denkens«, sind heilige Silben bzw. mit spiritueller Kraft geladene Wörter, die ausgesprochen, gesungen oder in Gedanken rezitiert werden. Zu den bekanntesten Mantras zählt das Gāyatrī-Mantra. Bei der Anwendung eines Mantras kommt es weniger auf den konkreten Inhalt als vielmehr auf eine wiederholende Rezitation an, die spirituell reinigende Wirkung hat. Wie im Gebet soll in der tantrischen Praxis die Rezitation auch Einfluss auf die verehrten und durch die mit dem Mantra angesprochenen Gottheiten ausüben.

Das Gāyatrī-Mantra aus dem Rigveda (3.62.10) wird von zahlreichen Hindus seit der vedischen Zeit morgens zum Gebet und in der Meditation rezitiert.[7]

Es lautet:

Tat savitur varenyam bhargo devasya dhimahi dhiyo yo nah pracodayat.

»Lasst uns dieses wünschenswerte Licht des Gottes Savitri (des Sonnengottes) empfangen, auf dass er unsere Inspiration anregen möge.«

Wie bereits erwähnt sind Mudrās ein weiteres tantrisches Element. Wörtlich bedeutet Mudrā »Siegel, Geste«. Einerseits handelt es sich dabei um Handgesten und andererseits um Körperhaltungen, die einen nachhaltigen Eindruck hinterlassen, wie bei einem Siegel.

Als man sich über die Interpretation von tantrischen Schriften und Praktiken nicht einig werden konnte, entwickelten sich mit der Zeit zwei verschiedene Richtungen des Tantrismus:
– der Weg der rechten Hand und
– der Weg der linken Hand.

In allen Schriften findet sich die Erklärung, dass der Weg der sogenannten rechten Hand die Hauptlinie darstellt und damit die zentrale Rolle spielt. Dabei geht es um rechte Erkenntnis und Urteilskraft, und es steht die Verehrung der Gottheit in ihrem weiblichen Aspekt im Vordergrund, vor allem in der völligen Hingabe an die göttliche Mutter in ihren mannigfachen Formen.

Die Beschreibungen der Vereinigung von Mann und Frau werden von der »rechten Hand« nur symbolisch interpretiert, während im Tantrismus der linken Hand von einer konkreten, im Ritus zu vollziehenden sexuellen Übungspraxis ausgegangen wird. Zu den fünf Praktiken des linkshändigen Tantra gehören neben dem ritualisierten Geschlechtsakt auch das Essen von Fleisch, Fisch und Getreide sowie das Trinken von Wein.

Diese Praxis gilt nicht für den Weg der rechten Hand. Hier stehen religiöse Rituale im Mittelpunkt, welche sich in einem neuen Weltbild zeigen und auf zwei Säulen stehen:
– der Einbeziehung von weiblichen Gottheiten in die religiöse Verehrung und
– der Gleichstellung von Mikrokosmos Mensch und Makrokosmos Welt.

Die Verehrung von weiblichen Gottheiten nahm schnell zu und stand im Gegensatz zum patriarchalischen Denken der indogermanischen Einwanderer. So werden die zahlreichen weiblichen Gottheiten auch heute noch als Ausdruck einer alten, von den Brahmanen nie ganz verdrängten matriarchalen Religion Indiens angesehen. Denn schon für die Induskultur im dritten Jahrtausend vor Christus wurde die Verehrung von Muttergottheiten nachgewiesen.

Im Hinduismus spielt nun die Symbolik von Shiva und Shakti eine wichtige Rolle. Ehe der tiefere, spirituelle Aspekt erläutert wird, soll hier zunächst eine Anekdote über den großen Mystiker Shankara zur tantrischen Sichtweise hinführen: »Nachdem Shankara in Benares am Ganges ein rituelles Bad genommen hatte, traf er auf eine wehklagende Frau, die auf dem Boden saß und die Leiche ihres Ehemannes auf den Knien liegen hatte. Shaṅkara sagte dieser Frau, sie solle die unreine Leiche von ihm wegschaffen. Da fragte die Frau, ob denn solch ein großer ācārya wie er der Leiche nicht befehlen könne, den Platz zu verlassen. ›Wie soll ich dies können, es ist doch keine Energie (śakti) in ihr.‹ Als er diese Worte gesprochen hatte, zeigte sich die Frau in ihrer wahren Gestalt, als die Große Göttin Śakti selbst. So soll der große ācārya erkannt haben, dass das weibliche dynamische Prinzip der śakti, das in der Philosophie des ādvaita-Vedānta fehlt, die Grundlage für alle Bewegung ist.«[8] Diese Anekdote verdeutlicht, dass im Tantrismus der weibliche Aspekt den aktiven Pol darstellt und der männliche Aspekt den passiven Pol bildet, die transzendente Weisheit.

Zum Verhältnis von Shiva und Shakti vermerkt Oscar Marcel Hinze in seinem Buch *Tantra Vidya – Die Wissenschaft des Tantra* Folgendes: »Nun ist aber wie ausgeführt die Shakti in der Tiefe ihres Wesens identisch mit Shiva, und das wirkt sich so aus, dass in allem Erschaffenen, auch in der gröbsten Materie, ein Trieb zum Licht, zum göttlichen Sein verborgen ist. Früher oder später macht sich dieser Trieb in irgendeiner Form bemerkbar, und dann ist es wieder die Shakti, die als Begleiterin und Führerin zum höchsten Licht, zum göttlichen Wissen in Erscheinung tritt. Dieser Aspekt der Shakti wird als ›Vidya-Shakti‹ oder auch ›Cit-Shakti‹ bezeichnet (cit = Bewusstsein).

So vermag also die Vidya-Shakti alle Wesen wieder in den göttlichen Bereich zurückzuführen. Auf dieser Lehre beruht in Indien die Shakti-Verehrung, insbesondere aber auch der tantrische Yoga. Da der menschliche Körper den gesamten außermenschlichen Bereich wiedergibt – nicht als eine ersonnene Analogievorstellung, sondern als eine reale mikrokosmische Verwirklichung der makrokosmischen Vorgänge –, ist dieser Körper auch das Betätigungsfeld für die Erlösungsbestrebungen des Yogin.«[9]

Hinze beschreibt hier die tantrische Vorstellung, wie der göttliche Verzicht auf ein vollentfaltetes Sein in Stufen vor sich gegangen ist, denn jede Stufe habe für die Vidyā-Shakti ein weiteres Sich-Einschränken bedeutet. Bildlich wird dies dargestellt durch eine Spirallinie, deren Kreisradien von oben nach unten abnehmen. Dies drückt sich symbolisch in jedem Chakra, wörtlich »Rad«, dadurch aus, dass jeweils die Anzahl der Speichen des Rades abnimmt.

»Auf jeder Stufe nimmt die sich einschränkende Shakti eine neue, der speziellen Natur dieser Stufe entsprechende Gestalt an. Wenn gesagt wird, dass jede Stufe eine sie regierende Göttin hat (gegebenenfalls auch als »Herrscherin« oder als »Torhüterin« dieser Stufe bezeichnet), so bezieht sich dies auf die besondere Shakti-Manifestation dieser Stufe. Obwohl die Shakti mit ihrer Selbstbegrenzung fortfährt, bleibt auf der von ihr verlassenen Stufe eine Prägung der dieser Stufe entsprechenden Shakti-Gestalt als wirkende Kraft zurück … Hier offenbart sich der immer gleichbleibende Shiva, das Bewusstseinskorrelat jeder Stufe. Obwohl das Prinzip der Einheit und Unteilbarkeit des Shiva gegenüber dem der Vielheit und Differenzierbarkeit der Shakti grundsätzlich betont wird, entsteht doch mit jeder Shakti-Gestalt eine andere Perspektive, unter der Shiva erfahren werden kann.«[10]

Erstaunt nehme ich stets von Neuem wahr, wie viele unterschiedliche Versionen und Auslegungen des Tantra es gibt, seien es die Ausführungen des hinduistischen oder des buddhistischen Tantra. Selbst in der wörtlichen Übersetzung lässt sich keine einheitliche Erklärung finden. Mircea Eliades Definition hat mir gefallen. Er erklärt, dass uns von den vielen Bedeutungen des Wortes »Tantra«, dessen Wurzel *tan* »ausbreiten, fortsetzen, vermehren« bedeutet, vor allem eine interessieren solle, nämlich die der »Abfolge«, »Abwicklung« des »andauernden Prozesses« oder dessen, »was die Erkenntnis ausdehnt«.[11]

Eventuell könnte der tantrische Yogi auch als eine Art archetypischer Alchimist bezeichnet werden, der das niedere und »unreine« Metall eines verwirrten Geistes umwandelt in das Gold des reinen Gewahrseins. Heilung erfolgt hier nach dem Prinzip der Homöopathie: »Gleiches heilt Gleiches«. Unersättliches Verlangen wird durch die reine Lust selbst überwunden oder transformiert. Das, was üblicherweise als Hindernis angesehen wird, lässt sich auf dem spirituellen Weg nutzen, indem wir uns damit verbünden. Oder wie Willigis Jäger sagt: »Tanz und Tänzer sind eins.« Der Benediktiner und Zen-Meister west-östlicher Weisheitslehre drückt mit diesen Worten gleichzeitig die folgende Ansicht aus: »Ein spiritueller Weg, der nicht in den Alltag führt, ist ein Irrweg.« Und so kann eine sogenannte Erleuchtungserfahrung in unserer Übungspraxis – gemäß der Philosophie des Tantra – Ausdruck unseres Lebens sein.

Für die Tantriker und großen Yogis gibt es keinen Gegensatz von Körper und Geist oder eine Dualität von Materie und Geist. Da gibt es keinen abgetrennten, für sich stehenden Geist, wie wir hier im Westen im Allgemeinen meist glauben. Die tantrische Metaphysik lässt sogar übersinnliche Phänomene glaubhaft erscheinen und nimmt nichtmenschliche Wesenheiten als Teil der *einen* Wirklichkeit an. Auch im westlichen Denken scheint dieses Verständnis zuweilen auf, wenn es zum Beispiel heißt: »Wer nicht an Wunder glaubt, der ist kein Realist.«

Heute erfreut sich der Tantrismus großer Beliebtheit nicht nur in philosophischen und religiösen Yoga-Kreisen, sondern vor allem bei Hatha-Yoga-Übenden, denn die Aussage »Der Körper ist Tempel und Ausdruck des Geistes« spiegelt eine echte Seins-Erfahrung. Überhaupt wäre ein Hatha-Yoga ohne die Wurzeln des Tantrismus nicht denkbar, der aus uralten Göttinnen-Mythen der indischen Geschichte schöpfte und jede Frau zu einer Inkarnation der göttlichen Shakti erhob. Und so spielt der »lebendige Ritus« eine entscheidende Rolle in jeder tantrischen Übungsweise, mit der Intention, dass Eros und Herz als Weg zur Transzendenz dienen können.

> *Männlich und weiblich – kein Unterschied.*
> *Und strebt eine Frau nach direkter Erkenntnis*
> *der grundlegenden Wesensnatur ihres Geistes,*
> *dann eilt sie dem Mann sogar voraus.*
>
> Padmasambhava

2.
Der Hinduismus und die Shakti in ihren Erscheinungsformen

Shiva, der Gott der Schöpfung und der Zerstörung, der Gott des kosmischen Tanzes, und Shakti, die schöpferische Energie, waren am Beginn aller Zeiten eins, in reinem, formlosem Sein. Außer ihnen war nichts. Im Rigveda, der ältesten der vier vedischen Schriften, heißt es entsprechend: »Da waren weder Sein noch Nichtsein; nicht war Luft, noch ein Himmel darüber. Gab es etwas, das verborgen lag und wo? Unter welcher Hülle? Nicht war Tod oder Unsterblichkeit, von Tag und Nacht kein Anzeichen. Das Eine atmete, ohne Atemluft aus eigenem Antrieb. Nur das, nichts sonst, war.« (Rigveda 10.129.1-2)

Der hinduistischen Mythologie zufolge war die Trennung dieser beiden Kräfte der Schöpfungsakt, aus dem die Welt entstand. Der Tantrismus beschreibt diesen Akt als den keimenden Wunsch der Shiva-Shakti, sich wieder in die Welt der Form zu verwandeln und das Sein in der Form (Materie) zu genießen.

Von Shiva heißt es, dass er in seinem transzendenten, ruhenden Aspekt als reines Bewusstsein (cit) unverändert bleibt. Die Shakti beginnt jedoch, als dynamische und schöpferische Kraft, sich von ihm abzuspalten. Dabei ist die Shakti wohlgemerkt die Shiva innewohnende Kraft selbst.

Der erste Schritt in die scheinbare Zweiheit war somit getan. Es heißt weiter, dass die Shakti dann von Klang (nāda) durchbebt wurde, und dieser uranfängliche Klang soll der Ursprung von Ideen und Sprache sein sowie von den damit bezeichneten Dingen. Ganz ähnlich wird die Entstehung der Welt auch im Johannesevangelium geschildert: »Am Anfang war das Wort und das Wort war bei Gott ...«(Joh. 1,1)

Weil sich die Shakti im Abstieg in die Form immer mehr in Schleier (māyā) einhüllt, erfährt sie sich zunehmend als abgetrennt von Shiva. Ihr Bewusstsein verwickelt und verhüllt sich. Dieser Abstieg des reinen Geistes in die Materie vollzieht sich in verschiedenen Stufen: Zuerst entfaltet die Shakti die Seele und die Sinnesorgane. Dann entwickelt sie die Materie – sinnlich wahrnehmbar – aus Äther, Luft, Feuer, Wasser und Erde. Die gröbste »Soheit« (tattva) ist die Erde. Wenn die Shakti dort im Festen angelangt ist, kann sie sich nicht weiter entfalten. Der Schöpfungsprozess ist beendet. Die Shakti rollt sich als »Kundalinī-Schlange« zusammen und ruht im untersten Chakra des Menschen.

Obwohl sie ruht, bleibt doch die beschriebene innewohnende Kraft und das Bewusstsein der Einheit erhalten. Auch schlafend hat Shakti Shiva niemals vergessen. Die Erinnerung an die verlorene Einheit ist es, die die Sehnsucht des Menschen weckt, aus der heraus er sich schließlich auf die spirituelle Suche begibt.

Für die meisten Menschen ist die Verschleierung (māyā) so dicht geworden, dass das wahre Wissen (vidyā) verhüllt bleibt. Durch die Erfahrung, dass Shiva und Shakti, die individuelle und die kosmische Seele, auf ewig eins sind, fällt der Schleier ab.

Wird die Kundalinī nun mittels der Yogatechniken oder auch spontan erweckt, dann beginnt sie als Prāna-Shakti wieder aufzusteigen und strebt dem Scheitelpunkt zu, wo Shiva als reines Bewusstsein seine Wohnstätte hat und auf seine Shakti wartet.

Das Hinaufsteigen der Kundalinī ist also einem Bewusstwerdungsprozess gleichzusetzen. Wenn Shakti Shiva erreicht und wiedergefunden hat, wenn beide Polaritäten sich ausgetauscht und vereinigt haben, nehmen sie ihren Wohnort erneut im zeitlosen Sein (sat), im reinen Bewusstsein (cit) und in der Wonne oder Seligkeit (ānanda) ein. Dies ist die »mystische Hochzeit« von Shiva und Shakti, die im obersten Energiezentrum, im Sahasrāra-Chakra, oder der höchsten Bewusstseinsebene des Menschen stattfinden kann. Hier erlebt der Mensch Erleuchtung und Einssein im wahren Sein.

*Der Aufstieg der Kundalinī
durch die Chakras*

Dieser Vorgang bewirkt, wenn er tief erfahren wurde, dass sich die Welt in ihrer bisherigen Form auflöst (laya) und sich der betreffende Mensch als eins erlebt mit der Welt und dem Göttlichen. Damit hat er seinen wahren Bewusstseinszustand wiedererlangt, denn das innerste, göttliche Wesen ist ihm durch diese Erfahrung wieder enthüllt worden. Die hinduistische Mythologie sieht Shiva auch in der Trinität mit Brahmā und Vishnu. Während Brahmā als Schöpfergott gilt, soll Vishnu die Schöpfung bewahren, und Shiva wird die Macht des Zerstörers zugesprochen. Zerstörung bedeutet hier loszulassen und Platz zu schaffen für Neues. Denn in diesem Prozess der Bewusstwerdung zerfällt die Vorstellung von der alten Welt, um in der Erfahrung ganz neu erfasst zu werden. Die Zerstörung des Alten ist die Voraussetzung für das Entstehen des völlig Neuen.

Diesem Wissen entspringt die Befreiung (moksha oder kaivalya). Sollte sich die Shakti erneut in die Materie begeben, wird sie sich dessen voll bewusst sein. »Im Menschen macht Gott eine menschliche Erfahrung«, wie Willigis Jäger sagt.

In der Vorstellung des Tantrismus ist die göttliche Kraft also bis in den Leib hinabgestiegen und hält ihn im Ein- und Ausatmen am Leben. Deshalb wird die Suche nach dem Göttlichen auch nicht außen, sondern im Körper selbst aufgenommen. Und dieser Körper wird über das Bewusstsein wiederum dreifach erkannt: als Kausalkörper, als feinstofflicher und als grobstofflicher Körper.

Im grobstofflichen Körper bewegt sich die Shakti in ihrer Erscheinungsform als Prāna, als Lebensenergie, entlang subtil-feiner Richtungslinien oder Leitkanäle in großer Anzahl, die nicht mit den grobstofflich-körperlichen Funktionen gleichzusetzen sind. Das gilt auch für die feinstofflichen Energiezentren, die Chakras, denn durch die den Chakras innewohnende Kraft werden die entsprechenden Körperregionen belebt.

Symbolisch findet die Vereinigung von Shiva und Shakti, die mystische Hochzeit, im obersten Chakra statt, ein Stück oberhalb des Scheitels. Diese »Hochzeit« wird also im Himmel geschlossen, gelebt wird sie aber auf der Erde, und so bin ich der Meinung, dass diese Vereinigungserfahrung im Tausendblättrigen Lotoszentrum, also im Kronenchakra, lokalisiert sein kann und Tiefgreifendes hinterlässt. Wenn wir die Ganzheit anstreben, sollte diese Erfahrung jedoch auf die Ebene des Herzens getragen und von dort gelebt werden. Über ein offenes Herzzentrum gelangen wir von der Zentriertheit auf das Ich zum Du, zum Nächsten und zur Welt.

Die mystische Erfahrung zeigt sich dann im Vollzug des Alltags, im Augenblick des Tuns – sei es bei der Arbeit oder beim Tanz.

Shiva agiert stets nur mit der Shakti. Wie könnte er tanzen ohne seine Braut? Und er tanzt, tanzt den Tanz des Lebens, und sich dessen bewusst zu sein ist alles.[12]

Wenn Shiva tanzt und alles fließt,
von der Bewegung zur Ruhe
und von der Ruhe zur Bewegung;
bis zur Bewegung in der Ruhe
und der Ruhe in der Bewegung,
dann, ja dann sind wir eingeschwungen
in den Tanz des Universums.

»Wenn Shiva tanzt und alles fließt …« ist die Erfahrung, die auch in den Übungsreihen der Integralen Yogapraxis zum Ausdruck kommt und sich vermittelt. Ost und West sind darin vereint, der kosmische Tanz Shivas, die Bewegung des Lebens, die die Hindus als ewiges Vergehen und Entstehen begreifen. So sagt es auch die Heraklit zugeschriebene Formel »panta rhei« – Alles fließt. Das einzig Stete ist der Wandel.

Diese stetige Bewegung und Veränderung wird in den Körperhaltungen des Yoga Dance nachvollzogen, von außen nach innen gehend. Dies entspricht dem weiblichen Aspekt des Shiva – der Shakti –, die der weibliche Aspekt Gottes sein kann. Und so sollen auch die folgenden Praxiseinheiten ganz unter diesem Leitgedanken stehen. Dabei folgt die Bewegung dem Atem, zum Beispiel wird eine hebende Bewegung im Einatmen und eine senkende Bewegung im Ausatmen gemacht.

Und indem der Tanz der Bewegungen sich durch die Synchronisation von Atem und Bewegung zur »Musik des Atems« entfaltet, entdecken wir in den Bewegungen selbst das Fließende, die Ruhe, das Tor zur Stille, in Einklang mit uns selbst und unserem eigenen Lebensrhythmus. So bin nicht mehr ich es, die die Bewegungen ausführt, sondern »die Göttin in mir«.

Die Āsanas folgen einander,
eines aus dem anderen geboren,
in fließender Notwendigkeit.
Wie Wellen, aus denen Wellen entstehen,
immer weiter,
ohne Anfang und Ende.
Wie Perlen, die durch einen unsichtbaren Faden,
den Atem,
zusammengehalten werden.

Nach Frederic Leboyer

Tanz der Gelenke –
Von der Vorbereitung bis zum
Ausklang

Die Entwicklung dieser Übungsreihe zog sich in Etappen über mehrere Jahre hin und trägt den Namen »Tanz der Gelenke«. Dazu gehört eine entsprechende Vorbereitung aller Gelenke des Körpers, die besonders im eigens dafür konzipierten Yoga Dance seinen Ausdruck findet.

Das sind fließend ineinander übergehende Bewegungen – gleich einem Tanz – im Einklang mit dem Atemrhythmus, die alle Gelenke ansprechen zum anschließenden »Tanz der Gelenke«.

Zu dieser Übungsreihe gehören zehn klassische Āsanas, die – sinnvoll aufgebaut – sehr langsam und ruhig ausgeführt werden, in dieser Reihenfolge:

◎ Vīrabhadrāsana 1 (Tapferkeitshaltung)
◎ Parshvottanāsana (Rumpfbeuge)
◎ Utthita Pārshvakonāsana (erweitertes Dreieck)
◎ Utthita Trikonāsana (Dreieck)
◎ Vīrabhadrāsana 2 (Held/Heldin)
◎ Vīrabhadrāsana 3 (klassisch)
◎ Vīrabhadrāsana 4 (mit Drehung)
◎ Ardha Chandrāsana (Halbmonde, seitlich und nach hinten)
◎ Natarājāsana (Shivas Tanzhaltung)
◎ Vrikshāsana (Baum)

Um die Übergänge im Fluss zu halten, wird bei einigen Āsanas eine Rückwärtsbeuge ausgeführt, die auch für Weite im Brustkorb sorgt. Die Übenden erfahren in der Yogahaltung Vīrabhadrāsana durch veränderte Wiederholungen eine Vertiefung des Āsanas. Dabei wird unter anderem die Hüftbeugemuskulatur unter besonderer Berücksichtigung des Hüftlendenmuskels (Illiopsoas) gedehnt, welcher auch für die Aufrichtung der Wirbelsäule wichtig ist. Außerdem führen die Wiederholungen zur Kräftigung und zu besserer Dehnfähigkeit der gesamten Muskulatur. Die Wirbelsäule wird beweglicher, und nicht zuletzt geht es um die »Ansprache« der Gelenke, die in ihrer Funktion unterstützt werden sollen. Die Gelenke können, je nach anatomischer Lage, gebeugt und gestreckt werden sowie eine innen- und außenrotierende Bewegung, teils mit Drehung, ermöglichen.

Diese Übungsreihe »Tanz der Gelenke« hat neben der Ästhetik stark zentrierende Aspekte, die auch auf das vegetative Nervensystem beruhigend einwirken und letztlich einen klaren Geist bringen. Anschließende Prānāyāma-Übungen können leichter ausgeführt werden, die sich wiederum auf eine darauf folgende Meditation vertiefend auswirken können.

Praxis 2

Tanz der Gelenke

Vorbereitung: Vom Yoga Dance zum Āsana

Diese Yoga-Dance-Abfolge ist gut geeignet als Vorbereitung und Hinführung zur Übungsreihe »Tanz der Gelenke«:

◎ Im aufrechten Stand die Arme über vorn heben und im Einatmen nach oben strecken.

◎ Die Arme seitlich herunterführen, bei leicht angewinkelten Knien im Ausatmen mit Zischlaut. Diesen Bewegungsablauf drei Mal wiederholen.

◎ Die Arme über vorn heben und bei gestreckten Armen im Einatmen den Rumpf nach hinten beugen.

◎ Dann die Arme und den langen Rumpf nach vorn beugen, wobei die Arme – wie Flügelarme – über die Seite im Ausatmen nach hinten schwingen. Mit Zischlaut drei Mal wiederholen.

◎ Das rechte Bein nun nach vorn stellen (Grundstellung zu Vīrabhadrāsana) und die Arme dabei in der gleichen Atem- und Bewegungsweise wie zuvor beschrieben hinauf- und hinunterschwingen. Beim Hinunterschwingen das vordere Bein gut anwinkeln, das hintere Bein gestreckt lassen. Hinaufführend und nach hinten beugend beide Beine strecken (eventuell das hintere Bein etwas anwinkeln). Diesen Bewegungsablauf drei Mal wiederholen.

◎ Das rechte Bein steht weiterhin vorn; in der Einatem-Phase erneut die Arme über vorn nach oben führen und weiter mit dem langen Rumpf nach hinten strecken.

◎ In der Ausatem-Phase den Rumpf wieder in die Senkrechte bringen und die »Flügelarme« seitlich herunterführen. Auch diesen Bewegungsablauf drei Mal wiederholen.

◎ Nun die schwingenden Bewegungen in der gleichen Weise wie zuvor ausführen, dabei allerdings nach dem seitlichen Hinunterführen der Arme die rechte Hand an die Innenseite des rechten Oberschenkels anlegen. Mit dem linken Arm – in Brusthöhe gehoben – den Rumpf in die Drehung nach links führen.
Beachte: In der ersten Hälfte des Ausatmens die Arme seitlich hinunterführen und in der zweiten Hälfte des Ausatmens in die Drehung kommen. Drei Mal wiederholen.

◎ Danach mit kleinem Schwung in die Standhaltung zurückschwingen und den gesamten Vorgang auf der anderen Seite, also mit dem linken Bein vorn, wiederholen.

Bevor nun mit der Übungsreihe »Tanz der Gelenke« begonnen wird, nach den Standübungen zum Ausgleich in die Hocke (Mālāsana) gehen und hier für einige Sekunden verweilen.

Es ist auch denkbar, zum Ausgleich kleine Bewegungsreihen aus dem Vierfüßlerstand anzuschließen, die gleichsam erneut vorbereitend in die Haupt-Übungsreihe übergehen können. Zu langes Stehen sollte eben vermieden werden, besonders am Morgen, wegen des Kreislaufs.

Übungsreihe: Tanz der Gelenke – In fließenden Bewegungen den Halt entdecken

Aus dem aufrechten Stand das rechte Bein zum Ausfallschritt nach vorn setzen (Grundstellung zu Vīrabhadrāsana). (keine Abb.)

Im Einatmen die Arme heben und mit dem sich nach hinten beugenden Oberkörper über den Kopf nach hinten strecken, den Brustkorb dabei weit werden lassen und drei Atemzüge lang verweilen.

Handflächen nach oben schieben und gleichzeitig das vordere rechte Bein tief anwinkeln. Das linke Bein bleibt gestreckt. In dieser Haltung (Vīrabhadrāsana 1) für drei Atemzüge verweilen. Den Brustkorb dabei weiten. Wer mag, kann zur Konzentration im Einatmen seine Vorstellungsenergie über die Handflächen aufnehmen und im Ausatmen über die Fußsohlen der Erde schenken.

Zum Übergang zu Parshvottanāsana (der Rumpfbeuge) die Arme nach hinten nehmen und das vordere Bein strecken. Die Arme hinter dem Rücken verschränken. Den lang gestreckten Oberkörper parallel zum Boden vorbeugen. Wer mag, kann das vordere Bein auch erneut anwinkeln. Drei Atemzüge lang in dieser Haltung verweilen.

Im Übergang zu Utthita Pārshvakonāsana (dem erweiterten Dreieck) den Oberkörper heben und eine Vierteldrehung nach links vornehmen. Die Arme lösen sich langsam und bewegen sich wieder nach vorn. (keine Abb.)

Nun folgt eine tiefe Neigung nach rechts zum angewinkelten Bein. Der rechte Ellenbogen stützt sich auf das rechte Bein (oberhalb des Knies). Der linke Arm streckt sich in der Verlängerung des linken gestreckten Beins an der linken Kopfseite entlang und darüber hinaus. Der Kopf dreht sich etwas nach links. Dann den Druck des aufgestützten Armes etwas zurücknehmen und in der Kraftanstrengung des rechten angewinkelten Beines für drei Atemzüge verweilen.

Für Utthita Trikonāsana (das Dreieck) den Oberkörper mehr nach links aufdrehen und das rechte Bein strecken. Während die rechte Hand zum rechten Fußgelenk greift, wird der linke Arm in die Senkrechte gestreckt. Der Kopf dreht sich Richtung Arm. Für drei Atemzüge verweilen.

Zum Übergang in die nächste Haltung den Körper wieder in einer Vierteldrehung nach vorn ausrichten und den linken Arm wieder nach hinten am Taillenbereich auflegen. Der rechte Arm hebt sich gleichzeitig mit dem Oberkörper und streckt sich nach vorn, parallel zum Boden, und das rechte Bein wird erneut gebeugt. (keine Abb.)

Für Vīrabhadrāsana 2 (den Helden bzw. die Heldin) nun den linken Arm lang nach hinten strecken und den Blick konzentriert über die Hand hinaus richten. Drei Atemzüge lang in dieser Haltung – zielgerichtet im Āsana – verweilen.

Zum weiteren Übergang den linken
Arm zum rechten nach vorn bringen
und mit beiden Händen, die sich
öffnen, eine Rosenblüte formen.
Die Arme so nach oben führen, den
Oberkörper kurz nach hinten beugen
und dabei das vordere Bein wieder
strecken.

Dann die Handflächen zusammenführen und das rechte Bein erneut tief
beugen; das hintere Bein streckt sich,
um in Vīrabhadrāsana 3 zu gelangen.
Drei Atemzüge lang in dieser Haltung
verweilen.
Dann die Arme senken und das
vordere Bein wieder strecken.

Für den Anschluss zu Vīrabhadrāsana 4 (mit Drehung) die rechte Hand an die Innenseite des rechten Oberschenkelbereichs anlegen und den linken Arm in Schulterhöhe nach links zur Drehung führen. Der Oberkörper und auch der Kopf folgen der Drehung. Für drei Atemzüge verweilen.

Beim Zurückführen nach vorn beide Arme heben, das vordere Bein wieder strecken und den Oberkörper nach hinten beugen.

Die Arme seitlich hinunterführen und kurz nach hinten schwingen, um so leichter das linke Bein nach vorn zum rechten Bein, in die normale Standhaltung, zu bringen. (keine Abb.)

Alle Haltungen in der gleichen Reihenfolge, nun von der anderen Körperseite aus, angehen. Zunächst von der Grundhaltung aus in Vīrabhadrāsana und nun das linke Bein nach vorn setzen …

Im Anschluss, nachdem zu beiden Seiten geübt wurde, die Halbmonde (Ardha Chandrāsana) je zu einer Seite und nach rückwärts anschließen: Dazu beide Arme über die Seite heben und mit ineinander verschränkten Händen weit nach oben strecken (oder auch nur einen Arm heben und die andere Hand seitlich an das Bein legen). (keine Abb.)

Zuerst zur linken Seite beugen, damit die rechte Körperseite gedehnt wird. Drei Atemzüge in dieser Haltung verweilen ...

und in gleicher Weise für Ardha Chandrāsana zur rechten Seite neigen, um die linke Körperseite zu dehnen. Auch hier für drei Atemzüge verweilen.

Nun die gestreckten Arme und den Oberkörper nach hinten beugen und so in Ardha Chandrāsana in der Rückbeuge drei Atemzüge verweilen. (keine Abb.)

Danach folgt Natarājāsana – Shivas Tanzhaltung. Shiva bringt so, in der Bewegung, seine weibliche Seite, Shakti, zum Ausdruck. Shiva steht in den Abbildungen stets auf dem rechten Bein. Zum Ausgleich werden hier jedoch beide Seiten geübt. (keine Abb.)

Den Blick gut geradeaus fixieren, das Gewicht auf das rechte Bein verlagern und das linke Bein angewinkelt und wie bei einer Innenrotation des Hüftgelenks über das rechte Bein heben. Dazu zuerst die Arme ausbreiten und gleichzeitig das Standbein etwas beugen.

So verweilend nun die zweite Shiva-Handhaltung ausführen: Dabei wird der linke Arm so vor den Körper geführt, dass die linke Hand Richtung linkes Knie weist. Der rechte Arm beugt sich auf der rechten Seite mit der nach vorn gehaltenen Handfläche. Drei Atemzüge in dieser Haltung verweilen, dann in der gleichen Weise mit dem linken Bein als Standbein üben.

Nun von dieser Haltung aus entweder zunächst zur Grundstellung zurückkehren oder gleich zur nächsten Übung übergehen: in die Baumhaltung (Vrikshāsana) zu beiden Seiten.

Dabei ist wieder das rechte Bein das
Standbein, und das linke Bein wird angewinkelt angehoben und so nach links
ausgedreht, dass die linke Fußsohle oder
die Außenkante des linken Fußes an
den Innenseitenbereich des Standbeines
gelegt werden kann. Über die Höhe
entscheiden Sie selbst.

Während des Beinhebens zuerst die
Arme ausbreiten und dann lang über
den Kopf heben und die Hände zu-
sammenbringen. Zu jeder Seite für
drei Atemzüge verweilen.

Ein Ausgleich kann in bewegten Formen von Chakravākāsana (der Katzen-Wellen-Bewegung im Vierfüßlerstand) erfolgen oder auch in Yoga Mudrā oder in Mālāsana (der Hockstellung).

Danach kann eine Entspannung in der Rückenlage (Shavāsana) folgen oder bei etwas Fortgeschrittenen eine Prānāyāma-Übung und Meditation im aufrechten Sitz geübt werden.

In diesen abschließenden Phasen folgen im Yogaunterricht Fragen nach der Wahrnehmung der Gelenke in verschiedenen Körperbereichen, so dass die Achtsamkeit für den Körper zunimmt und der »Tanz der Gelenke« seine Wirkkraft entfalten kann.

Bei der gesamten Ausführung zum »Tanz der Gelenke« gilt eine gesammelte Aufmerksamkeit auf den Atem, der jede Haltung formt und auch beseelen möchte.

»In fließenden Bewegungen den Halt entdecken. In der Stille ankommend ganz gegenwärtig sein.«

Yoga Dance – Wenn Shiva tanzt

So wie sich im mythologischen Tanz Shivas alle Bewegtheit des Makrokosmos spiegelt, sehe ich im Yoga Dance eine Einfühlung in den Mikrokosmos Mensch. In der folgenden Übungsreihe, die den Yoga Dance in Reinkultur verkörpert, verbirgt sich eine kleine Geschichte: Shiva, der kosmische Tänzer, beginnt mit der ihm eigenen Bewegung den Tanz. Diese Bewegung drückt sich in seiner weiblichen Seite aus, in der Shakti, die langsam, wie in Zeitlupe, mehrere Haltungen mit vielen Armen zeigt, nach Tagores Intention:

Geburt und Tod,
beides des Lebens Spiel enthält
wie beim Gehen der Fuß,
einmal erhoben wieder fällt.

Shiva, als Geliebter der Tänzerin, ist der allgegenwärtige Geist. Sein Tanz ist auch in unserem Herzen enthalten als Selbstentfaltung und Evolution. Und dann hält sein Tanz inne, wird Yogahaltung, ist Stille und schweigendes Sein.

Die sich anschließende Haltung Vrikshāsana (Baum) wird zum Zauberbaum, weil der Baum den Vogel Garuda, in der Adlerhaltung, aufnimmt, der ihn verwandelt. Und danach erhebt sich erneut Shiva und breitet seine Arme aus, hebt ein Bein und senkt es wieder. Ein neuer Kreislauf beginnt …

Maria-Gabriele Wosien, Tanzlehrerin für sakralen Tanz, hat dafür folgende einfühlende Formulierung gefunden:

Von der Mitte
des kosmischen Rades aus
bestimmt der Zyklus
des Werdens und Vergehens
auf geheimnisvolle Weise
den Weg des Tänzers.
Im Angesicht des Göttlichen
in der Schöpfung
findet er seine Erfüllung.
Es ist die Erfahrung der göttlichen Gegenwart
in seiner eigenen Mitte.
Im Einklang
mit den Bewegungen des Lebens
ist er
am unbeweglichen Mittelpunkt
aller Bestimmungen orientiert
und findet so
den Frieden.

Praxis 3

Wenn Shiva tanzt

Grundstellung

Übergang ...

zur Shivahaltung

Im Übergang …

zur Grundstellung

Übergang …

zum Baum

Übergang und Rückkehr ...

über die
Grundstellung ...

zur anderen Seite ...

in den Baum

Übergang und Rückkehr ...
(rechts oben)

zur Grundstellung

Von der Grundstellung aus Gewichtsverlagerung auf das rechte Bein und Einstieg in die Haltung des Adlers, indem das linke Bein angehoben wird.

Wie balancierend werden dabei die Arme zunächst zur Seite ausgestreckt (keine Abb.), ...

und dann in die Haltung des Adlers
gebracht.

Nun folgt die Rückkehr in die Grundstellung mit zur Seite ausgestreckten Armen und danach die Gewichtsverlagerung auf das linke Bein. Der Einstieg in die Haltung des Adlers erfolgt erneut, indem nun das rechte Bein angehoben wird (keine Abb.).

Um die Balance zu halten, dabei wieder die Arme zunächst zur Seite ausstrecken ...

… und die Haltung des Adlers – nun
auf dem linken Bein stehend – einnehmen.

Wieder in die Grundstellung
(wie S. 53 unten auf beiden Beinen
stehend) zurückkehren, dann die
Arme ausstrecken und …

mit Übergang …

die Haltung des Baums einnehmen.

Übergang und Rückkehr …
(oben rechts)

zur Grundstellung.

Gewichtsverlagerung zur anderen
Seite (oben links) …

in den Baum (oben rechts) …

in den Übergang und zur
Rückkehr …

in die Grundstel-
lung.

Im Übergang ...

zur
Shiva-Tanzhaltung ...

und weiter in die
Grundstellung
mit zur Seite aus-
gestreckten Armen
(keine Abb.), …

und zum Schluss:
Verneigung zum
Namaste.

Um zur Essenz des Yoga zu gelangen, bedarf es keiner Religion. Eine »Wesens-
erfahrung« ist unabhängig von Riten und Dogmen, die einer Religionspraxis
meist zugrunde liegen. Und dennoch wurzelt der Yoga im Hinduismus, mit
seinen breit gefächerten Traditionen und Kulturen, auch unter Einbeziehung
körperlicher Übungen.

Ramakrishna, der bereits erwähnte indische Yogi und Heilige, wollte seine
Erleuchtungserfahrung in den verschiedenen religiösen Traditionen prüfen und
kam dabei zu dem Ergebnis, dass es keinen Unterschied gibt. Es zeigte sich
ihm die Essenz der fundamentalen Aussage des Rigveda »*ekam sat vipra bahudha
vadanti* – Es gibt nur eine Wahrheit, aber die Weisen nennen sie mit verschiedenen Namen.«

An dieser Stelle möchte ich einen kleinen Exkurs durch die Zeit wagen – von
den ersten Anfängen des Hinduismus bis zu gegenwärtigen Erkenntnissen. Hinduismus, der im Westen eingeführte Name für die traditionelle religiöse Ausrichtung der meisten Inder, ist im Grunde eine Sammelbezeichnung für ganz

verschiedene Richtungen und Ansichten. In Indien selbst wird dieser Religionsverbund Sanātana-Dharma, die »Ewige Religion«, genannt, weil alle Aspekte der Wahrheit durch Jahrhunderte hindurch darin aufgenommen wurden. Als mythologisch gewachsene Religion hat sie weder einen Stifter, wie dies in Buddhismus, Christentum und Islam der Fall ist, noch einen unveränderlichen Leitfaden. Es lassen sich darin zahlreiche Traditionen der Götterverehrung und Glaubensauffassungen unterscheiden. Allen Hindus gemeinsam ist allerdings die Lehre vom Gesetz des Karma, das heißt vom Gesetz von Ursache und Wirkung, dem zufolge jede unsere Handlungen unweigerlich Konsequenzen hat.

Seit dem Eindringen der indo-arischen Völker nach Indien (ca. 1600–1400 v. Chr.) und dem damit beginnenden vedischen Zeitalter haben Seher und Heilige spirituelle Erkenntnisse und Wahrheiten gefunden, die in den sogenannten Shrutis niedergelegt sind. Shrutis, wörtlich »Gehörtes«, sind Offenbarungen, die noch immer für das Leben der Hindus von großer Bedeutung sind und auch das tägliche Leben beeinflussen. Auf jeden Fall bleibt jede Religiosität auf die Ewigkeit ausgerichtet.

Auf die Periode der Veden folgen im Vedānta, das heißt dem Ende der Veden, die Upanishaden. Die Bezeichnung für diese heiligen Schriften bedeutet in der wörtlichen Übersetzung »nahe sitzen bei« und bezieht sich auf die alte Tradition, sich zu Füßen eines Lehrers niederzusetzen und spirituelle Unterweisungen zu empfangen. Die Upanishaden bilden den Schlussteil der Offenbarungen, der Shrutis. Die dann folgenden heiligen Schriften werden nicht mehr zu den Shrutis gezählt, sondern werden als Smritis, wörtlich »Erinnertes«, bezeichnet. Zu diesen von menschlichen Verfassern herrührenden Smritis gehören zum Beispiel die Helden-Epen Mahābhārata und Rāmāyana.

Die bekannteste aller indischen heiligen Schriften, die Bhagavadgītā, ist eine Episode aus dem Mahābhārata. Dieser Dialog des Gottes Krishna mit dem Helden Arjuna wird auch heute noch von den Indern auswendig gelernt und hat auch in der westlichen philosophischen Welt als »Gesang des Erhabenen« Verbreitung und Anerkennung gefunden.

Auch die Purānas, alte Erzählungen von Mythen und Legenden, sind in Form von Dialogen zwischen Lehrer und Schüler gehalten; ihr wichtigstes Element ist die Gottesanbetung, wobei die Trinität der drei großen Götter im

Mittelpunkt steht: Brahmā, durch den alles entsteht, Vishnu, durch den alles erhalten, und Shiva, durch den alles zerstört wird – auch die Unwissenheit und das sogenannte Schlechte.

Die mythologischen Purānas sind so etwas wie die Schatzkammer der Hindu-Religion und noch heute von lebendigem Wert für den Glauben der Hindus.

Darauf folgt das schon beschriebene Tantra, welches durch seine Praxis für die religiös-spirituelle Entwicklung von großer Bedeutung ist bzw. durch die darin enthaltenen Praktiken eine große Hilfe auf dem Weg zur Erleuchtung sein kann. Falsch angewandt, so heißt es, kann Tantra jedoch große Gefahren bringen.

Die Darshanas sind die sechs klassischen Philosophiesysteme Indiens. Darshana, wörtlich »Sehen« oder »Anblick«, meint die Begegnung mit einem Guru oder Heiligen und den damit verbundenen Segen. Die sechs Systeme oder Schulen der Hindu-Philosophie sind: Nyāya, Vaisheshika, Sānkhya, Yoga, Mimāmsa und Vedānta. Sie sind alle auf die gleichen Ziele ausgerichtet: die Befreiung der Seele aus dem Kreislauf der Wiedergeburten und die Vereinigung mit Gott oder dem Absoluten.

Diese sechs philosophischen Schulen zählen zu den orthodoxen Systemen, weil sie die Autorität der Veden anerkennen und sich im Einklang mit deren Lehren befinden. Gleichzeitig gibt es jedoch auch unorthodoxe Systeme, die die Veden nicht oder nur teilweise anerkennen. Die beiden wichtigsten sind hier der Jainismus, der die Existenz eines Gottes ablehnt und von einer jeder Seele innewohnenden Göttlichkeit ausgeht, und der Buddhismus. Im Zentrum der buddhistischen Lehre stehen die »Vier Edlen Wahrheiten« und die Grundgedanken zur Erlösung vom Leiden durch den »Edlen Achtfachen Pfad«, mit der Schulung in Sittlichkeit, Meditation, Weisheit und Einsicht.

Doch auch im Hinduismus hat Buddha seinen Platz und wird als ein Avatāra verehrt. Ein Avatāra ist die Inkarnation des göttlichen Bewusstseins auf Erden.[13] Buddha soll, wie in den Purānas beschrieben, die neunte von zehn Inkarnationen Vishnus gewesen sein, und Kalki, der zehnte, noch nicht erschienene Avatāra, soll am Ende des dunklen Zeitalters auf einem Schimmel erscheinen und das Licht bringen. »Er wird der göttliche Mensch auf Erden sein, eins mit der unendlichen Göttlichkeit.«[14]

Eine der wichtigsten modernen indischen Bewegungen der Gottesvereh-rung ist der Shaktismus, auch Tantrismus genannt. Hier sind wir nun wieder bei unserem ursprünglichen Thema und können die Shakti in ihren weiteren Erscheinungsformen benennen.

Die Shakti, auch als weibliche Energie bzw. Kraft und Macht Shivas er-kannt, wird wie bereits erwähnt auch als »göttliche Mutter« gesehen. In weite-ren Erscheinungsformen und immer neuen Namen erfährt sie in ganz Indien große Verehrung.

Namen wie Amba (die Mutter), Durga (die Unergründliche) oder Kali (die Schwarze) sind solche Personifizierungen der einen Shakti und geben Hinweise auf die Ur-Energie, den dynamischen Aspekt Gottes, durch den er erschafft, er-hält und wieder auflöst.

An anderer Stelle wird die Shakti passend zu der göttlichen Trinität von Brahmā, Vishnu und Shiva mit drei indischen Göttinnen gleichgesetzt:

◎ Zu Brahma, dem Schöpfer, gehört Sarasvatī, die »Fließende«.

◎ Vishnu, dem Erhalter, ist Lakshmī, die Göttin des Wohlstands und der Schönheit, zur Seite gestellt.

◎ Die Gemahlin Shivas, des Zerstörers, der auch als Herr der Schneeberge verehrt wird, ist Pārvatī (wörtlich »die dem Gebirge Zugehörende«).

Pārvatī wird als die »Tochter des Himalaya« angesehen, die sich in strenger Askese übt, um die Aufmerksamkeit Shivas auf sich zu lenken, wie es in einer der zahlreichen Legenden heißt.

Auf Abbildungen sieht man Pārvatī als eine sehr schöne, junge Frau an Shivas Seite. Die beiden sind in tiefem Gespräch um die höchste Befreiung des Menschen versunken und wandern dabei über den mystischen Berg Meru – den Kailāsh.

Dieser mystische Berg Meru bedarf einer Erklärung, denn er ist nicht gleich-bedeutend mit dem »heiligen Berg« Kailāsh. Religiöse Pilger umwandern regel-mäßig den Berg Kailāsh im Himalaya und huldigen ihm, während der Meru, der Weltenberg, nur metaphysisch oder spirituell zu begreifen ist. Nach altindischer kosmologischer Vorstellung ist Meru das Zentrum des Universums und die Wohnstatt der Götter. Im Yoga und Tantra steht Meru auf der Ebene des

Mikrokosmos für den Weg der Kundalinī-Shakti, »der Schlangenkraft«, durch die Wirbelsäule. Das oberste Chakra wurde dabei mit der Bergspitze des Meru gleichsetzt.

Umā, »die Holde«, ist auch ein Beiname von Parvatī. Umā war ursprünglich eine Berggöttin, die sich auf dem Kailāsh aufhielt. Viele Göttinnengeschichten

Shiva mit seiner Familie am Berg Kailāsh; Abbildung aus dem 18. Jh.

umranken den Berg Kailāsh. Denn dieser Berg bildet die Spitze der als »Dach der Welt« bezeichneten Hochebene Tibets, von der aus auch viele Flüsse entspringen, die nach allen Richtungen hin ihren Weg ins Tal suchen.

Es heißt, wer sich persönlich auf den Weg um den Kailāsh macht, wird wundersame Visionen erleben, traumähnliche Zustände erfahren und mit einem unbeschreiblichen Gefühl der Wonne und höchster Glückseligkeit belohnt. Der Anthropologe Evans-Wentz beschrieb dies so: »Wie ein Blitzstrahl wird augenblicklich alles erleuchtet, was bis dahin im Dunkeln verborgen lag; Hindernisse und Schwierigkeiten verschwinden. Es ist, als ob Ihr persönliches Bewusstsein, das die Sicht oder Wahrnehmung der Welt verfinstert oder entstellt hatte, weichen und einem umfassenden kosmischen Bewusstsein Platz machen würde.«[15]

Für Buddhisten repräsentiert der Berg Kailāsh ein riesiges Mandala, dessen himmlische oder überirdische Stufe nur mittels tiefer Meditation zu erreichen ist. Für die Hindus bleibt dieser Berg Shivas Thron, um den sich zahlreiche Mythen ranken.

Praxis 4

Übungsreihe der Mönche vom Berg Kailāsh

Es gibt eine Yoga-Übungsreihe, von der es heißt, dass sie von Mönchen eines Klosters am Berg Kailāsh geübt wird, und die zu Gesundheit und vertiefter Meditation führen soll.

In diesen überlieferten Übungen symbolisiert das Heben und Senken der ineinandergelegten Hände, das die klassischen Körperhaltungen unterteilt, das Heben und Senken der Chi-Kraft. Die Bewegung mit Zischlaut im Ausatmen soll ausgleichend und atemverlängernd wirken.

Beginnend vom Unterbauch, dem energetischen Schwerpunkt im Körper, der im Taoismus auch das untere Dantien und im Zen Hara genannt wird, werden hierbei Energien bewegt. Im Yoga ist dieser Bereich vergleichbar mit dem Kanda, wörtlich »Knolle« oder »Knoten, oberhalb des Schambeins.

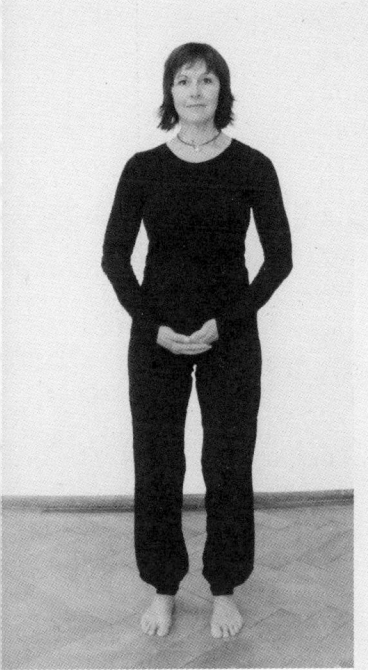

Chi-Atmung aus dem Stand:
Hände im Einatmen ineinander verschränken
(Handflächen nach oben zeigend; Abb. oben
links) und das Chi mit den Armen heben bis zum
Herzzentrum (Abb. Mitte).

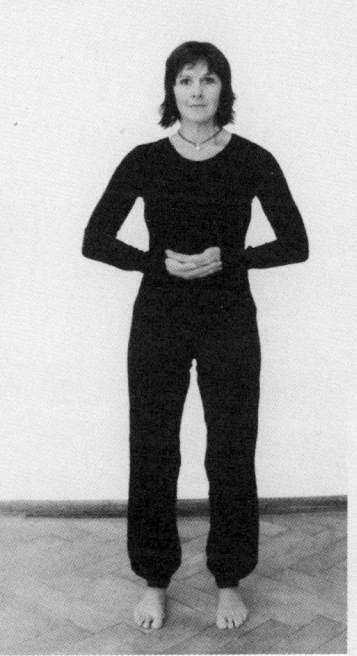

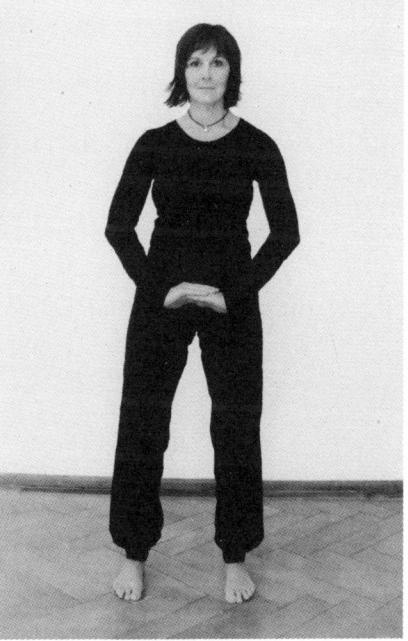

Dort die Hände drehen (die Handflächen zeigen
nach unten) und mit einem Zischlaut im
Ausatmen die Hände bis zum Dantien (kanda)
hinunterführen (Abb. unten rechts).
Diesen Bewegungsablauf fünf Mal wiederholen.

Beine grätschen und Hände hinten, rechts und links im Kreuzbereich, also im unteren Bereich des Rückens, anlegen (Abb. oben links). Nun den Körper im Einatmen nach hinten beugen, evtl. auch Beine anwinkeln und in den leichten Ballenstand gehen (Abb. Mitte). Dann den Oberkörper im Ausatmen nach vorn unten beugen (die Hände bleiben dabei hinten angelegt) und wenn nötig in den Knien nachgeben (Abb. rechts). Jeweils fünf Mal wiederholen. (Uttānāsana-Variation)

Nun die gleichen Beugungen nach hinten und vorn wiederholen, dabei nach hinten beugend wieder einatmen und während der Vorbeuge ausatmen. Die Hände bleiben hinten im Kreuzbereich angelegt (keine Abb.). Nur die Beine dabei nicht mehr grätschen, sondern schließen. Jeweils fünf Mal wiederholen. (Uttānāsana)

Dann den rechten Arm auf Schulterhöhe nach vorn ausstrecken, der Daumen zeigt nach oben (Abb. links). Den linken Arm auch ausstrecken, unter den rechten Arm bringen (wie unterkreuzt) und mit der linken Hand die rechte Hand von außen greifen (Abb. Mitte). Nun beide verschlungenen Arme lang nach oben führen, so dass der Kopf eingerahmt ist und die Ohren durch den Armdruck geschlossen sind (Abb. rechts). Dabei mit dem Atem nach innen lauschen und erneut ca. fünf Atemzüge lang verweilen. Nach der Auflösung dieser Haltung der fließenden Energie nachspüren und dann die Übung mit umgekehrter Armhaltung wiederholen.

Die Chi-Atmung, wie auf Seite 65 beschrieben, fünf Mal wiederholen.

Erneut die Beine grätschen, Fußspitzen zeigen nach vorn. Zuerst das rechte Bein nach rechts drehen, so dass der rechte Fuß eine Vierteldrehung vollzieht und die Fußspitze nach rechts weist (Grundstellung Vīrabhadrāsana; Abb. links). Hände wieder hinten in der Kreuzregion aufsetzen und den Oberkörper im Einatmen nach rechts drehen.

Während des Ausatmens über das rechte Bein so weit beugen, als wollte die linke Schulter bis zum rechten Knie kommen (Abb. rechts). In der Einatmung den Oberkörper heben, in der Mitte angekommen ausatmen und mit der nächsten Einatmung nach links drehen zum linken Bein, das dabei ebenfalls eine Vierteldrehung nach links vollzieht (wie vorhin das rechte Bein, das jetzt mit der Fußspitze wieder nach vorn schaut). Der Oberkörper beugt sich nun so, als wollte die rechte Schulter das linke Knie erreichen (siehe S. 69). Zu jeder Seite drei Mal wiederholen. (Parshvottanāsana-Variation)

In der gleichen Grundstellung verweilen und nach rechts (Abb. oben links)
und links (Abb. unten rechts) weiter-
üben. Aber nun so, als wollte der
linke Ellenbogen das rechte Knie
erreichen und umgekehrt.
Zu jeder Seite zwei Mal wiederholen.
(Parshvottanāsana-Variation)

Beine wieder schließen und die
Chi-Atmung anschließen.
Insgesamt fünf Mal durchführen.

Die überkreuzte Armdehnung (wie auf S. 67 beschrieben) je drei Mal wiederholen. Danach im Stand den Energiefluss beobachten …

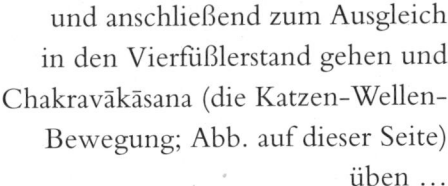

und anschließend zum Ausgleich
in den Vierfüßlerstand gehen und
Chakravākāsana (die Katzen-Wellen-
Bewegung; Abb. auf dieser Seite)
üben …

oder kniend Yoga-Mudrā, die Gebärde der Hingabe, einnehmen.

Meditation zum Abschluss: Einen Meditationssitz nach eigener Wahl einnehmen und zunächst den Atemfluss beobachten. Nach einer Weile die Laute »so ham« oder »ham so« sanft in den Atem einbeziehen. »So ham« bedeutet »Ich bin es« oder »Es ist ich«.

Das Lotosland an diesem Ort.
Dieser Leib – das Leben des Buddha.

Hakuin Zenji

Der Wolkengekrönte

Trotz des berühmten Berges,
der mich tausende Fuß überragt,
erklimm ich himmlische Leere
und durchschreite der Seligkeit Tor.

Die Sonne steht nah über mir,
der Himmel hängt über meinem Haupt;
die dichtgedrängten Berge umschließen mich.
Es zieht mich zum Gipfel –
ein flüchtiger Blick auf die achtseitige
Wildnis des Raums.

Wahrlich, die gefahrvolle Klippe birgt den Geist ganzer Zeitalter;
Jahr um Jahr in treibenden Winden
und peitschendem Regen.
Obwohl ich den Smaragd und das Blau des Himmels nachahme,
sind meine Gefühle zu tief, um Ausdruck zu finden;
und so biete ich ein duftendes Blumenblatt
meines Herzen dar – von süßem Wohlgeruch erfüllt.

Ich habe gehört, dass die kristallnen Wasser Heilige hervorbringen;
und diese Gewässer werden vom Staub dieser Welt nicht beschmutzt.
Warum wehn plötzlich die westlichen, herbstlichen
Winde durch die Bäume, bis alle Blätter fallen?
Die hohen myriadenalten Berge erwecken in mir
den Urquell des Seins.

In der Einsamkeit dieser stillen, kühlen Meditationsstätte
findet sich ein neuer Himmel;
er legt sich unerwartet über dieses reine Land,
wo man zu wahrer innerer Schau gelangt.

Lobpreisung der Pilger[16]

3.
Eigenschaften der bedeutendsten Göttinnen

Die Vielschichtigkeit der Shakti mit ihren unterschiedlichen Namen, Aspekten und Aufgaben ist wohl durch die bisherigen Ausführungen schon deutlich geworden. Und bevor weitere Eigenschaften bedeutender hinduistischer Göttinnen anklingen, möchte ich hier einen allgemeinen historischen Überblick darüber geben, wie viel Interesse zu allen Zeiten an der indischen Philosophie und Religion bestanden hat.

Es heißt, dass die indische Philosophie schon den alten Griechen bekannt war und dass u. a. die Philosophen Pythagoras, Demokrit und Aristoteles Indien bereist und von den Indern gelernt hätten. Und auch Platon soll die Absicht gehabt haben, nach Indien zu reisen. Zwar ist nicht mit Sicherheit belegt, ob diese Reisen tatsächlich stattgefunden haben, aber in jedem Falle muss ein gewisser Austausch stattgefunden haben, da es unter anderem zu griechischen und römischen Göttinnen einige Entsprechungen in der hinduistischen Götterwelt gibt.

In späterer Zeit lassen sich auch Beziehungen zwischen Brahmanen (Angehörigen der Priesterkaste) und antiken Philosophen verfolgen, da letztere sehr an indischen Weisheitslehren interessiert waren.

Im Mittelalter soll dann fast jeder Austausch zwischen Ost und West in dieser Form aufgehört haben, unter anderem, weil das christliche Abendland den Anspruch auf Alleinbesitz aller Wahrheiten erhob.

So erörterte der Dichter und Philosoph Dante Alighieri zum Beispiel die Frage, wie es sich mit der Güte und Gerechtigkeit Gottes vereinbaren lasse, dass

ein tugendhafter Inder, der nie von Christus gehört und die Taufe nicht empfangen habe, der Verdammung anheimfalle. Und auch Marco Polo, der große
Asienreisende, unterlässt es nicht, bei seinen Ausführungen über den Buddhismus hervorzuheben, dass Buddha ein großer Heiliger hätte sein können, wenn
er Christ gewesen wäre.[17]

Erst die Entdeckung des Seeweges nach Indien (1498) durch den portugie-
sischen Seefahrer Vasco da Gama knüpfte die seit einem Jahrtausend gelocker-
ten Fäden zwischen Indien und dem Abendland wieder fester.

Missionare und Reisende brachten dem alten Europa Nachrichten über indische Religionen, die sich jedoch meist nur auf Schilderungen des volkstüm-
lichen Hinduismus beschränkten. Erst im Jahre 1740 sollen in einem Brief die
Hauptlehren Indiens Erwähnung finden. Ein Pater soll darin Abhandlungen
über drei der orthodoxen philosophischen Systeme, nämlich des Nyāya, Vedānta und des Sānkhya, geschrieben haben.[18]

Schon bald wurden auch die Upanishaden bekannt und 1801 ins Lateinische
übersetzt. Der Philosoph Schopenhauer, auf den diese heiligen Schriften eine
große Anziehungskraft hatten und aus denen er auch Trost schöpfte, soll unter
anderem diese Übersetzung verwendet haben. Die Aussagen der Bhagavadgītā,
die von dem englischen Orientalisten Charles Wilkins zum ersten Mal aus dem
Sanskrit ins Englische übersetzt wurden, erlangten bei dieser erneuten Beschäf-
tigung mit der indischen Philosophie die größte Aufmerksamkeit.

Wilhelm von Humboldt pries diese Texte als das »Tiefste und Erhabenste,
was die Welt aufzuweisen hat«. In Deutschland war zuerst durch Herder und
Friedrich Schlegels Buch *Über die Sprache und Weisheit der Inder* die Aufmerk-
samkeit auf die indische Geisteswelt gelenkt worden. Durch den Indologen
August Wilhelm von Schlegel und seine Berufung auf den Bonner Lehrstuhl
(1818) wurden die indischen Weisheitslehren auch an weiteren deutschen
Universitäten bekannt. Einige Werke von Schelling, Hegel und vor allem von
Schopenhauer zeugen auch heute noch von dem großen Interesse an indischer
Philosophie in der damaligen Zeit. Und wir schöpfen auch heute aus dem
Fundus des Sprachforschers und Religionswissenschaftlers Max Müller und des
Philosophen und Indologen Paul Deussen, die beide häufig als Quellen angege-
ben werden. Auch Helmuth von Glasenapp und Heinrich Zimmer gehören zu

jenen Gelehrten, die sich im 20. Jahrhundert um die Erschließung der indischen Philosophie verdient gemacht haben. Sie hatten vor allem die Gabe, östliche und westliche Philosophiesysteme verständnisvoll in Vergleich zu setzen und uns die indische Götterwelt näherzubringen.

Die bedeutendsten Göttinnen bzw. die wichtigsten Erscheinungsformen der Shakti sollen nun nach ihren spezifischen Eigenschaften beschrieben werden und sozusagen als Samen in westliche Erde gesät werden:

Durgā, die schwer Besiegbare oder auch die Unnahbare und Unergründliche genannt, ist eine Erscheinungsform von Pārvatī, der Gemahlin Shivas. Als Shakti vernichtet sie den Dämon des Nichterkennens, der in Gestalt eines Büffels erscheint. Auf Abbildungen sehen wir sie meist auf einem Löwen oder Tiger reitend dargestellt, mit acht oder zehn Armen, in denen sie die mächtigsten Attribute Shivas hält, Dreizack, Bogen, Schwert und Schlange, und als weitere Symbole Vishnus den Diskus, die Keule und das Muschelhorn. Der Überlieferung nach entstand Durgā durch das Zusammenführen aller magischen Kräfte der Götter. Sie zählt zu den drawidischen Gottheiten aus vorarischer Zeit und ist noch heute eine der beliebtesten Göttinnen Indiens. Sie wird als göttliche Mutter verehrt und symbolisiert als Kriegerin ihre große Macht. Mal ist sie also strafend und mal gnädig, spendet den Armen Speise und segnet mit Liebe und Erkenntnis all diejenigen, die nach Gottverwirklichung streben.

Jedes Jahr im Herbst findet zur Anbetung der Durgā ein großes Fest statt, die sogenannte Durgā-Pūjā, die mitunter fünf Tage lang andauert. Die Festlichkeiten beginnen mit der Anrufung Durgās, damit sie aus ihrem himmlischen Reich herabkommen möge. Am letzten Tag der Pūjā wird das für das betreffende Jahr geschaffene Durgā-Bildnis in einem Fluss oder im Meer versenkt.[19]

Durgā wird in einigen Schriften auch gleichgesetzt mit den zehn Mahāvidyās, die als Erscheinungsformen der Göttin gelten. Die zehn Mahāvidyās sind zehn Gottheiten oder Personifizierungen der Shakti, die in Indien angebetet werden, da sie leichter zur Erkenntnis Brahmans – und damit zur höchsten Erleuchtung – führen können.

*Durgā im Kampf
mit dem
Büffeldämon*

Diese Göttinnen sind:

◎ Kālī, Herrin über Zeit und Schöpfung

◎ Tārā, Göttin der Hingabe in All-Liebe

◎ Shodashī, die liebliche Erretterin

◎ Bhuvaneshvarī, Schöpferkraft der Welt

◎ Chinnamastā, Göttin des Werdens und Vergehens
◎ Bhairavī, Göttin des irdischen Verfalls
◎ Dhūmāvatī, die göttliche Witwe
◎ Vagalā, Bezwingerin böser Zauberkräfte
◎ Mātangī, die Gottheit, die Verbotenes zum Guten wandelt
◎ Kamalā, Anfang und Ende der »zehn Mächtigen«

Kālī

Die Göttin Kālī, wörtlich »die Schwarze«, die verschiedentlich auch »Göttliche Mutter« genannt und besonders in Bengalen verehrt wird, ist mir unter anderem in den Schriften Ramakrishnas begegnet, der ein glühender Verehrer der göttlichen Mutter Kālī war: »Kali verkörpert die Zeit und die Überzeit, die Vergangenheit und die Zukunft. Sie ist des Weltalls Mutter und Vernichterin. Alle Dinge werden aus ihr geboren und gehen wieder in sie ein. Ihr Bild, die Gestalt einer Tänzerin, ist in schwarzem Marmor gehauen, denn unsichtbar, farblos ist die Zeit. Doch da wir unausgesetzt die Folge von Zeit-Augenblicken erfahren, liegt das Symbol der Zeit in der Kunst des Tanzes, der die Folge von Bewegungen ist. Augenblicke der Zeit sind Bewegungen des Menschen. Mit seinen Augen begreift er das Räumliche, im Tanz erfährt er die Zeit. Deshalb muss Kali, das Symbol unserer Erfahrung der Zeit, das Bild des Tanzes sein. Um ihren Hals trägt sie einen Kranz aus Menschenschädeln, die Epochen der Menschheitsgeschichte, die die Zeit aus dem Sein auslöscht. Neben diesem seltsamen Schmuck sind ihr vier Hände gegeben, Sinnbilder der drei Zeitformen: Vergangenheit, Gegenwart und Zukunft. Die beiden ersten Hände, deren eine ein Schwert, die andere einen Menschenschädel hält, bedeuten, dass der Mensch, die höchste gegenwärtige Verkörperung der Lebewesen, vom Tode ausgelöscht wird. Ihre beiden anderen Hände sind erhoben, um auf die Hoffnung (die Zukunft) und die Erinnerung (die Vergangenheit) hinzuweisen. Das ist das Bild der Kali.

Doch nicht genug; denn siehe, Kali hat ihren Fuß auf Shiva gesetzt, den schneeweißen Gott, das Symbol der Unsterblichkeit. Er ist der Gott der Entsagung, den sie nicht bezwingen kann.

Plötzlich bricht sie ab in ihrem wahnsinnigen Tanz, denn Shiva ist unüberwindlich. Sie, die alle bezwungen, den Gott der Entsagung überwindet sie nicht.

Der Hindu versteht das Symbol der Kali; selbst die Kinder lernen zu ihr zu beten: ›Neige zu mir deines Mitleids Antlitz, das der Staub der Täuschung verbarg. O Göttin, du Antlitz der Unsterblichkeit, durchdringe mich ganz mit deinem unendlichen Erbarmen.‹«[20]

In *Leben und Gleichnis* ist auch beschrieben, wie Ramakrishna im Alter von dreißig Jahren seine erste Erleuchtung vor der Statue der Kālī empfing: »Es war früh am Morgen. Nachdem er die Morgenriten vollzogen hatte, ließ er sich vor Kali nieder und flehte zu ihr: ›Mutter, wird mir heute nicht die Gabe der Erleuchtung zuteil, so werde ich morgen meinem Leben ein Ende bereiten. … Zerbrich mein Herz, Mutter, nur beende meine Zweifel. Offenbare mir dein Antlitz der Unsterblichkeit!‹

Da plötzlich bewegten sich ihre steinernen Arme. Ihre Lippen formten sich zu einem leuchtenden Blumenkelch. Dann ergoss sich das Licht über ihr ganzes Gesicht. Ihr Haar wurde zu einem flammenden Strahlenkranz, als wäre die Sonne selbst vom Himmel herniedergestiegen und stehe hinter ihrem Haupt. Nun glitt das Licht ihren Körper hinab zu Shiva, der unter ihren Füßen lag. Aber auch hier hielt es nicht an. Wie zwei mächtige Flügel breitete sich dieses Lichtmeer über das ganze Tempelinnere aus. Selbst die kleinsten Gegenstände wie Glocken, Kerzen und Blumen begannen sich tanzend zu wiegen, ergriffen von diesem überirdischen Licht. Wohin sich der Blick Ramakrishnas auch wandte, überall sah er nur Licht, Licht, Licht. ›Ich habe sie gefunden! Ich habe sie gefunden!‹«[21]

Beeindruckend ist hier für mich vor allem, dass Ramakrishna im Zustand seiner Ekstase mühelos zu allen Religionen Zugang fand, so auch zu der Person Jesu, als dieser ihm plötzlich gegenüberstand. Und so heißt es weiter: »Der Menschensohn küsste den Sohn der göttlichen Mutter und ging in ihn ein. Sri Ramakrishna erfuhr seine Identität mit Christus, wie er sie vorher mit Kali, Rama und Krishna erfahren hatte. Auf diesem Pfade gelangte er zur höchsten Erkenntnis und erkannte Christus als eine göttliche Inkarnation an, allerdings nicht als die einzige.«[22]

Lakshmī

Die Göttin Lakshmī ist der Legende nach – ähnlich wie auch Aphrodite – dem Schaum des Ozeans entstiegen. Nach einer anderen Legende lag sie bei der Schöpfung auf einer Lotosblüte. Sie ist die Gefährtin Vishnus. In den Vishnu-Purānas, in denen unter anderem die verschiedenen Inkarnationen des Gottes beschrieben sind, erscheint auch Lakshmī in unterschiedlichen Verkörperungen und begleitet ihn. Als Vishnu zum Beispiel als Rāma wiedergeboren wurde, war sie Sītā, und als er als Krishna geboren wurde, war sie Rukminī.

Im Rigveda steht das Wort »Lakshmī« zunächst einfach für Glück, während im Atharvaveda damit bereits ein weibliches Wesen gemeint ist, das mal Glück und mal Unglück bringt. Erst später wird Lakshmī zur Göttin des Glücks und der Schönheit, zur Gemahlin Vishnus und zur Mutter Kāmas erhoben.[23]

Möge uns das Glück zu Ānanda, zur Glückseligkeit, führen!

Durch die Macht
und Wahrheit dieser Übung
mögen alle Wesen Glück erfahren
und die Ursachen von Glück.
Mögen alle frei sein von Leid
und den Ursachen von Leid.
Mögen alle niemals getrennt sein
vom höchsten Glück, das frei ist von Leid.
Mögen alle in Gleichmut leben,
ohne allzu viel Anhaften
und ohne allzu viel Abneigung.
Und mögen sie leben
im Wissen um die Gleichheit von allem,
was lebt.

Buddhistische Anrufung

Sarasvatī

Sarasvatī, wörtlich »die Fließende«, ist die Göttin des »Redeflusses«, der Beredsamkeit, Gelehrsamkeit und der Intuition des göttlichen Wortes. Ihr wird die Schöpfung des Sanskrit, der heiligen Sprache des Hinduismus, und der dazugehörigen Schrift, der Devanāgarī, zugeschrieben. Außerdem ist sie die Schutzherrin der Künste, insbesondere der Musik.

Sarasvatī war ursprünglich eine Flussgöttin – ein inzwischen ausgetrockneter Fluss, der in alter Zeit der größte Strom Indiens gewesen sein soll, trägt diesen Namen. Sie wird außerdem als die Gemahlin Brahmās verehrt.

Tārā

Avalokiteshvara schöpft aus seinen Tränen Tārā

Die tibetische Gottheit Tārā, wörtlich »die Retterin«, ist eine Emanation des Avalokiteshvara, des Bodhisattva der Barmherzigkeit, die aus seinen Tränen entstanden sein soll, um ihn in seinem Wirken zu unterstützen.

Sie verkörpert den weiblichen Aspekt des Erbarmens und ist im tibetischen Buddhismus, und auch darüber hinaus, eine sehr populäre Gottheit. Es gibt 21 Manifestationen der Tārā, die sich bildlich in Farbe, Körperhaltung und Attributen voneinander unterscheiden. Die meisten dieser 21 Formen der Tārā sind friedvoll, doch kann sie auch als rasende, zornige Gottheit auftreten. Die häufigsten Erscheinungsformen sind die der Grünen und der Weißen Tārā.[24]

Avalokiteshvara

4.
Göttinnen der Chakras

Chakras sind Zentren subtiler oder feinstofflicher Energien im Astralkörper des Menschen. Sie sammeln, transformieren und verteilen die sie durchströmende Energie, die uns auch als Prāna und Kundalinī bekannt ist. Die Tantra-Philosophie geht von der engen Verbindung zwischen Makro- und Mikrokosmos aus und vermittelt alles, was sich im Makrokosmos – dem Universum – und auch im Mikrokosmos – dem Menschen – abspielt. Shiva und Shakti, das große göttliche Einheitspaar, symbolisieren das »formlose Sein« der hinduistischen Mythologie und lassen durch ihre Trennung die Welt – die Schöpfung – entstehen. Dieser Vorgang vollzieht sich wie ein kosmisches Liebesspiel. Denn solange die Shakti als Kundalinī im unteren Chakra ruht, sehnt sie sich nach der Einheit mit Shiva zurück. Diese Sehnsucht ist Teil eines Bewusstseinsprozesses.

Im zweiten Kapitel habe ich bereits beschrieben, dass Shiva als ruhender Aspekt im reinen Bewusstsein unverändert bleibt und wie die Shakti, als die ihm innewohnende Kraft, sich von ihm abspaltet und in die Verdichtung der Materie gelangt. Als Shivas bewegende Hälfte hofft nun die Shakti – durch die Bewusstwerdung des Individuums – auf baldige Vereinigung, die sich immer wieder vollziehen kann. Wenn wir uns der göttlichen Einheit bewusst werden, steigt die Shakti von Chakra zu Chakra hinauf und feiert schließlich Hochzeit im obersten Chakra, dem Sahasrāra-Chakra. Ist diese Hochzeit einmal vollzogen, wird sie vom Bewusstsein nie mehr vergessen.

Wie schon beschrieben ist also die göttliche Kraft bis in den Leib hinabgestiegen, den sie im Ein- und Ausatmen am Leben erhält. Deshalb wird die
Suche nach dem Göttlichen auch nicht außen, sondern im Körper selbst aufgenommen. Und dieser Körper wird über das Bewusstsein wiederum dreifach
erkannt: als Kausalkörper, als feinstofflicher und als grobstofflicher Körper, mit
den fünf ihn umgebenden Hüllen, den Koshas, die zusammen diese drei Körper
bilden.

Weit blumiger werden die Chakras von einigen indischen Lehrern und
westlichen Interpreten beschrieben.

Die indische Mythologie gibt vieldeutige Hinweise zu allen Symbolen, die
mit den einzelnen Chakras in Beziehung stehen. Uns interessieren in diesem
Zusammenhang besonders die Göttinnen-Symbole, die sich auf alle Chakras
verteilen.

Der bedeutendste Interpret dieser Symbole ist Arthur Avalon in dem Klassiker *Die Schlangenkraft*, auf den sich die mir bekannten Autoren berufen. Swami
Sivananda Radha, eine Schülerin des bekannten Yoga-Meisters Swami Sivananda Sarasvati, die sich in ihrem Buch zur Kundalinī-Praxis vielfach auf Avalon
bezogen hat, schreibt zum Aufstieg der Kundalinī durch die Chakras: »Schlafend
ruht sie im Muladhara-Chakra in Form einer Schlange oder einer zusammenge-
rollten Energie, bekannt als Kundalini-Shakti. Sie ist im Lebenszentrum des
Universums. Sie ist die Urkraft des Lebens, die allem Sein zugrunde liegt. Sie
belebt den Körper durch ihre Energie. Sie ist die Energie in der Sonne, der Duft
in den Blumen, die Schönheit in der Landschaft, die Gayatri oder die Heilige
Mutter in den Veden. Sie ist die Farbe im Regenbogen, die Intelligenz im Geist,
die Hingabe in der Verehrung. … Die zahllosen Universen sind nur Staub von
den Füßen der Heiligen Mutter. Ihr Ruhm ist unsagbar. Ihre Herrlichkeit ist
unbeschreiblich. Ihre Größe ist unermesslich. Sie überschüttet ihre ehrlichen
Anhänger mit ihrer Gnade. Sie geleitet die einzelne Seele von Chakra zu Chakra, von Ebene zu Ebene und vereinigt sie im Sahasrara mit Gott Shiva.«[25]

Im Inhaltsverzeichnis von *Die Schlangenkraft* weist der Autor auf die Tantras
hin, in denen die Göttin Dākinī und die anderen Göttinnen mal als Königinnen
und mal als Türhüterinnen angegeben werden. Der Kommentar benennt darin
alle Göttinnen und weist auf ihre Namen hin: Dākinī, Rākinī, Lākinī, Kākinī,

Shākinī und Hākinī sollen demnach die Regentinnen der sechs Chakras sein.[26] Gleichzeitig vermerkt Avalon, dass an anderen Stellen auch völlig neue Erklärungen gelten und dass die Göttinnen Gegenstände in den Händen halten, die besondere Bedeutungen haben.

Mūlādhāra-Chakra

Dākinī

Zu den vielen Symbolen des untersten Chakras, des Wurzel- oder Mūlādhāra-Chakras, gehört auch die Göttin Dākinī. In Avalons Klassiker heißt es dazu: »Hier weilt die mit dem Namen Dākinī bezeichnete Devi; ihre vier Arme erstrahlen in Schönheit und ihre Augen funkeln rot. Sie leuchtet wie die Pracht vieler gleichzeitig aufgehender Sonnen. Sie gilt als die Überbringerin der Offenbarung von der ewig neuen Einsicht.«[27]

Wie so oft in der Mythologie wird auch diese Göttin mit vier Armen dargestellt. In der oberen rechten Hand trägt die Dākinī das Schwert, in der unteren rechten den Trinkbecher und in der oberen linken Hand den Stab mit Schädel sowie in der unteren linken den Speer. Wir könnten das Schwert als Werkzeug für Entscheidungskraft ansehen und den Becher als Krafttrunk oder als Zeichen dafür, dass wir das Bittere im Leben trinken müssen. Der Speer kann auf das Zielgerichtete hinweisen und der Stab mit dem Schädel auf das Vergängliche. Darüber zu meditieren, eventuell mit dem Mantra, kann eine gute yogische Übung sein.

Durch Dākinī wird auf der Mūlādhāra-Ebene die Intelligenz symbolisiert, die die prinzipiell weibliche Energie manifestieren soll. Hier ruht sie noch als Kundalinī und will erweckt werden. Die Intelligenz bezieht sich besonders auf die Macht des Wortes und des Lautes; weitergegeben durch die Rishis (Seher), die in dieser Weise göttliche Offenbarungen preisgaben.

Hier sei vermerkt, dass es prinzipiell zahlreiche Deutungen der Chakras und deren Symbole, sowohl im klassischen als auch im psychologisch-philosophischen Bereich, gibt. Die hier gewählten Beispiele sollen nur der Anregung und Reflexion dienen, um sich selbst darüber Gedanken zu machen.[28]

Swami Radha findet zu denen der Dākinī zugeordneten Gegenstände noch folgende weiterreichende Erklärungen:

Speer

Der Speer, mit dem auch Tiere erlegt werden können, bezieht sich auf die primitive Ebene im Menschen. Tiere können als Symbole für verschiedene Eigenschaften im Menschen gedeutet werden, so kann ein Elefant beispielsweise für Kraft oder eine Maus für Ängstlichkeit stehen. Wenn man die erforderliche

Geschicklichkeit erworben hat, trifft der Speer das Ziel. Für uns geht es dabei darum, uns über unser Ziel im Leben klar zu werden, und auch um die Frage: »Lasse ich mich in meinem Leben von Bewusstheit oder, wie ein Tier, von meinen Instinkten leiten?«

Stab mit Schädel

Der Stab mit einem darauf angebrachten Schädel steht für einen leeren Geist, der gänzlich frei ist von vorgefassten Meinungen. Er steht auch für Einsicht durch Intuition. Der Schädel ist am Stab befestigt wie der Kopf an der Wirbelsäule, so dass die Energie von unten in den leeren, also in den von vorgefassten Meinungen freien Geist aufsteigen kann. Dieses Strömen der göttlichen Energie durch die Wirbelsäule ist eine Erfahrung, die den Menschen in seinen Grundfesten erschüttert.

Schwert

Das Schwert ist das Symbol für die Fähigkeit, Wesentliches von Unwesentlichem zu trennen.

Trinkbecher

Der Trinkbecher ist unser Gefäß, mit dem wir den göttlichen Nektar oder das Wasser des Lebens empfangen können. Dieser Trank kann eine berauschende Wirkung haben und sollte nur in kleinen Schlucken, das heißt langsam und mit Bewusstheit, getrunken werden.

Das Mūlādhāra-Chakra liegt an der untersten Stelle der Sushumnā-Nādī, des wichtigsten feinstofflichen Nervenkanals im Innern der Wirbelsäule, zwischen der Wurzel des Zeugungsorgans und dem Anus. Dort soll die Shakti-Kundalinī im unerweckten Zustand zusammengerollt ruhen. Diese Kundalinī, auch Schlangenkraft genannt, verleiht allen anderen Chakras in uns Kraft und Energie. Daher verstehen wir auch die Bezeichnung Wurzelzentrum, hier noch mit vier Lotos-Blütenblättern, die sich im Aufstieg vermehren und im Stirnzentrum verändern, um sich im Tausendblättrigen Lotos wiederzufinden. Die Keimsilbe dieses Chakras ist LAM, der Elefant mit sieben Rüsseln ist das dazugehörige Tiersymbol, und Brahmā und die bereits beschriebene Dākinī sind die Gottheiten.

Svādhishthāna-Chakra

Rākinī

Im zweiten Chakra ist die Göttin Rākinī abgebildet. Sie zeigt sich wiederum mit vier Armen. Die Göttin trägt einen Dreizack in der oberen linken Hand und in der unteren eine Lotosblüte. In der oberen rechten Hand hält sie eine Trommel und in der unteren eine Streitaxt.

Dies können Sie nun zunächst einfach auf sich wirken lassen, denn die wenigen klassischen indischen Erklärungen könnten eher Verwirrung stiften. Swami Radha hat Erklärungen gefunden, die als Beispiele im Folgenden genannt werden.

Rākinī symbolisiert die Ebene des Selbstausdrucks im zweiten Chakra, dem Svādhishthāna-Zentrum.

Bei einem ausgedehnteren Bewusstsein soll sich auch die Sprache in der Bedeutung der Wörter erweitern, um das Subtile ausdrücken zu können. Denn die Sprache der Götter ist eine völlig andere als die menschliche und kann nur durch »intuitives Lauschen« verstanden werden. Unreflektiertes Sprechen und Hören soll zurücktreten, um einem neuen Verstehen von Ton und Resonanz Raum zu geben.

Im Svādhishthāna-Chakra hat der Lotos sechs Blütenblätter. Diese zunehmende Anzahl symbolisiert die Zunahme der Imaginationsfähigkeit.

Im Weiteren wird auf dieser Chakra-Ebene die Wahrnehmung über den Geschmackssinn bewusster werden, ganz im Sinne des Sprichworts »Der Mensch ist, was er isst«. Es lohnt sich stets, über diesen Satz nachzudenken und Gewohnheiten zu verändern.

Die Farbe der Göttin Rākinī ist blau, ihre drei Augen sind rot, und sie hat vorstehende Zähne, was ihr ein grimmiges Aussehen verleiht.

Folgende Merkmale über die oben bereits erwähnten Gegenstände der Göttin beschreibt Swami Radha:

Dreizack

Ein Dreizack, ein Stock mit drei Spitzen am oberen Ende, symbolisiert hier die Einheit von Körper, Geist und Sprache. Der Stock steht, wie bereits beim Stab mit Schädel, für die Wirbelsäule, in der die Kundalinī aktiv ist.

Lotos

Der Lotos gilt als Ausdruck für Heiligkeit und symbolisiert das Streben nach der Einheit des Geistes und kann nicht beschmutzt werden, ebenso wenig wie die Reinheit des Selbst.

Trommel

Die Wirkung der Trommel wird so erklärt, dass ihre Schwingungen im Körper sehr leicht wahrzunehmen seien, weil sie Emotionen und sexuelle Gefühle erwecken können. Die Wiederholung eines Rhythmus löst im Körper Reaktionen aus, die mit den verschiedensten Emotionen einhergehen könnten. Diese sollten kontrolliert und verfeinert werden.

Streitaxt

Die Streitaxt ist ein Symbol dafür, dass man sich im Leben emporkämpfen muss. Schon in der Bhagavadgītā wird erzählt, wie Krishna den Helden Arjuna zum Kampf für die gerechte Sache ermuntert. Auch das tägliche Leben kann als ein ständiger Kampf gesehen werden, in dem es gilt unsere negativen Anteile zu überwinden und durch positive Faktoren zu ersetzen.

Das Svādhishthāna-Chakra liegt im Energiekanal der Sushumnā, an der Wurzel der Genitalien. Von dort werden auch die inneren Organe der Ausscheidung und der Fortpflanzung beherrscht. Die symbolische Form ist der Halbmond und seine Farbe ist weiß. Das Tiersymbol ist das Krokodil, die Keimsilbe VAM und die zugeordneten Gottheiten sind Vishnu und als Shakti (die niedere) Gottheit Rākinī. Die Konzentration auf das Svādhishthāna-Chakra gewährt Furchtlosigkeit vor dem Wasserelement und lässt psychische Kräfte, intuitive Erkenntnis sowie vollkommene Beherrschung der Sinne und weitere Erkenntnis der astralen Wesenheiten aufkommen. Der Yogi wird damit nach Swami Sivananda zum Sieger über den Tod.

Manipūra-Chakra

Lākinī

Zum dritten Chakra gehört die Göttin Lākinī mit ihren drei Gesichtern. Jedes Gesicht hat ein drittes Auge in der Mitte der Stirn. Das Gesicht ist der Sitz aller fünf Sinne. Das dritte Auge symbolisiert die Hellsichtigkeit, die erlangt werden kann. In ihren zwei oberen Händen trägt Lākinī rechts den Donnerkeil und links die Feuerwaffe.

Die anderen beiden Hände sind zum Mudrā geformt. Die Geste der rechten Hand bedeutet die »Zerstreuung von Ängsten« (Abhaya-Mudrā), und das Mudrā der linken Hand symbolisiert die Gewährung von Gunst (Varada-Mudrā), auch »gnadengewährender Gestus« genannt.[29]

Zu den Gegenständen der Göttin Lākinī:

Donnerkeil

Der Donnerkeil wird bei Swami Radha als Symbol der Macht beschrieben, genauer gesagt, der der mächtigen Ausdruckskraft der Natur, die Blitze und damit Feuer erzeugen kann. Der Schüler des Yoga müsse entscheiden, ob er sich vom Feuer der Begeisterung entzünden lasse und nach Erfolg und Ruhm streben wolle, oder ob er vom Feuer des Strebens nach dem Allerhöchsten verzehrt werden möchte, denn es sei nicht möglich, zwei Herren zu dienen oder zwei Ziele gleichzeitig zu verfolgen.

Feuerwaffe

Im Manipūra-Chakra ist das Feuer der Leidenschaften stark und mächtig, was durch Flammen oder eine Feuerwaffe angezeigt wird, die die Kraft der Zerstörung symbolisiert.

Das Manipūra-Chakra wird in der Nabelgegend lokalisiert, dem körperlichen Zentrum des Solarplexus, und beherrscht auch diesen Bereich, obwohl das Chakra, wie alle anderen auch, feinstofflicher Natur ist. Die Blütenblätter des Lotos – hier sind es zehn – gehen von den zehn energetischen Nādīs aus, die das Dreieck umrahmen. Die Keimsilbe lautet RAM, mit dem Tiersymbol des Widders und den Gottheiten Rudra und Lākinī. Rudra ist in den Veden der Gott der Stürme und wird später identisch mit Shiva. Es heißt, dass der Yogi, der sich auf dieses Chakra konzentriert, Satala-Siddhi erreicht. Das bedeutet, dass er verborgene Schätze findet, von Krankheiten befreit wird und die Angst vor dem Feuer verliert. Swami Sivananda äußert dazu: »Selbst wenn er in brennendes Feuer geworfen wird, bleibt er ohne Todesfurcht am Leben.«

Anāhata-Chakra

Kākinī

Das Anāhata-Chakra, auch Herzzentrum genannt, weil es auf der Höhe des physischen Herzens liegt, hat zwölf Lotosblätter, die zwei Dreiecke – zum Stern geformt – umrahmt. Die Göttin auf dieser Ebene wird Kākinī genannt; sie reitet auf einer schwarzen Antilope, trägt in einer Hand einen Schädel, in der anderen eine Schlinge und mit ihren zwei weiteren Händen zeigt sie – wie schon Lākinī – zwei Mudrās: Das Abhaya-Mudrā zur Zerstreuung von Ängsten in den drei Welten (der Vergangenheit, Gegenwart und Zukunft) und die Geste der Gewährung der Gunst.

Zu den Gegenständen der Göttin Kākinī:

Schlinge

Die Schlinge steht für die hohe Erwartung, die wir in spirituelle Erfahrungen setzen und in der wir uns leicht verfangen.

Schädel

Wie schon weiter oben beim Stab mit Schädel steht auch hier der Schädel für einen reinen Geist.

Antilope

Die schwarze Antilope symbolisiert Flüchtigkeit. Sie erinnert und daran, dass spirituelle Erfahrungen flüchtig sind.

Das Anāhata-Chakra beherrscht die gesamte Ebene des Herzraumes. Die zwölf Blütenblätter gehen von zwölf Nādīs aus und wirken auf grob- und feinstoffliche Bereiche. YAM ist die Keimsilbe und das Tiersymbol die Gazelle. Die beherrschenden Gottheiten sind Isha und Kākinī.[30]

In diesem Zentrum wird der Klang Anahat, der Klang Brahmans, offenbar. Es heißt, dass dieser Klang sehr deutlich vernehmbar sei, wenn man sich auf dieses Zentrum konzentriere, und dem Meditierenden dabei kosmische Liebe und andere göttliche Eigenschaften zuteilwürden.

Dem Herz-Chakra wird als Integrationszentrum in der gesamten Philosophie, Physiologie, Psychologie, Religion und Spiritualität große Bedeutung beigemessen, und es wird in vielerlei Hinsicht interpretiert. Kaum ein Schriftsteller oder Dichter hat das Herzthema ausgelassen. Lange Passagen über das Herz in der Liebe schmücken unzählige Bände. Nach Goethe ist die Liebe das, was die Welt im Innersten zusammenhält.

O Mutter, mach mich verrückt vor Liebe zu Dir!
Was sind mir Gelehrsamkeit und Verstand!
Mach mich trunken vom Wein Deiner Liebe!
O Du stiehlst das Herz Deiner Bhaktas,
ertränke mich in den Meerestiefen Deiner Liebe!
In dieser Welt sind wir alle Narren Deiner Liebe;
einige lachen, andere weinen oder tanzen vor Freude:
Jesus, Buddha, Moses, Gauranga
sind alle trunken vom Wein Deiner Liebe.
O Mutter, wann nimmst du mich auf
in diese glückselige Gemeinschaft?

Ramakrishna[31]

In dieser Stadt Brahmans, die der Körper ist,
ist eine kleine Stätte in Form eines Lotos,
in der ein kleiner Raum ist.
Was darin ist, soll man erforschen,
das soll man wahrlich suchen zu erkennen.

Chāndogya-Upanishad 3,14

Vishuddha-Chakra

Shākinī

Zum Vishuddha-Chakra, das mit sechzehn Blütenblättern dargestellt wird, gehört die Göttin Gauri oder Shākinī. Sie wird mit fünf Gesichtern und vier Armen abgebildet, trägt in der rechten oberen Hand einen Pfeil und in der rechten unteren Hand einen Bogen. In der linken oberen Hand hält sie einen Stachelstock und in der linken unteren Hand eine Schlinge.

Zu den Gegenständen der Göttin Shākinī:

Schlinge

Das Symbol der Schlinge soll hier davor warnen, sich von Klängen allzu sehr einfangen zu lassen.

Stachelstock

Durch diesen Stock soll der Übende zu den letzten Bemühungen angespornt werden.

Pfeil

Der Pfeil symbolisiert eine klare Ausrichtung.

Bogen

Der Bogen steht für Spannung und Wachheit.

Das Vishuddha-Chakra liegt am unteren Ende des Halses und gehört zum Äther-Element. Die symbolische Form ist der Kreis, die Keimsilbe lautet HAM. Diesem Chakra wird neben der bereits erwähnten weiblichen Gottheit Gauri als männlicher Gegenpart Sadā-Shiva zugeordnet, das heißt Shiva in der Form des reinen Bewusstseins. Das dazugehörige Tier ist ein schneeweißer Elefant. Der Elefant symbolisiert nach Swami Radha den durch Hingabe gebändigten Willen. Wenn die Kontrolle über den Geist und die Emotionen erlangt werden kann und Hingabe an die Stelle des Willens tritt, dann verheißt dieses Chakra beständigen inneren Frieden.

Yoga ist die Kunst, den Bogen
des Leibes in Liebe zu spannen,
dass der Pfeil der Erkenntnis
das Dunkel des Unwissens
durchdringt.

Brihadāranyaka-Upanishad

Das, was man durch das Ohr nicht hört,
wodurch aber dieses Hören gehört wird,
nur das wisse als das Absolute und nicht dieses,
was die Menschen als die Welt verehren.

Kena-Upanishad

Ājñā-Chakra

Das Ājñā-Chakra mit seinen zwei Blütenblättern überrascht, weil wir meinen könnten, dass sich kurz vor dem Tausendblättrigen Lotos, dem obersten Zentrum, die Zahl der Blüten vermehren müsste. Zu diesem Chakra gehört die Göttin Hākinī. Sie hat sechs Gesichter, was dafür steht, dass ihr Geist stärker und schärfer geworden ist. Auch hat diese Göttin nun nicht mehr nur vier, sondern sechs Arme, was ebenfalls auf höher entwickelte Fähigkeiten hinweist. In vier Händen hält sie Gegenstände, mit zweien formt sie Mudrās. In der rechten oberen Hand hält die Göttin die Trommel. Die Hand darunter zeigt wieder das Abhaya-Mudrā, das Mudrā der Angstfreiheit, und die rechte Hand unten hält einen Rosenkranz. In der linken Hand oben hält Hākinī ein Buch, darunter hält sie Hand in der Geste der Gunstgewährung und in der unteren linken Hand hält sie den Stab mit Schädel.

Hākinī

Zu den Gegenständen der Göttin Hākinī:

Buch

Das Buch symbolisiert gespeichertes Wissen.

Trommel

Mit der Trommel wird der Rhythmus geschlagen, der möglicherweise auch anderen den Weg weisen kann.

Stab mit Schädel

Der Schädel, der bis zu diesem Chakra den leeren Geist symbolisierte, weist nun auf die Erlangung eines mit überragenden Kräften begabten Geistes hin.

Rosenkranz

Die Perlen des Rosenkranzes sollen die miteinander zusammenhängenden früheren Existenzen bezeichnen, die sich mehr oder weniger stark in negativer oder positiver Weise auf das gegenwärtige Dasein auswirken.

Das Ājñā-Chakra hat seine physische Entsprechung im Zwischenraum zwischen den beiden Augenbrauen. Wir nennen diesen Bereich »drittes Auge«. Seine Farbe ist ein milchiges Weiß und die Keimsilbe ein kurzes A. An der Seite der Göttin Hākinī steht hier die männliche Gottheit Parama Shiva, der höchste Shiva. Swami Sivananda äußerte dazu, dass die Konzentration auf dieses Chakra all das Karma aus vergangenen Leben zerstöre und es ermögliche, Jivamukti, also die spirituelle Befreiung zu Lebzeiten, zu erreichen.

Sahasrāra-Chakra

OM – die Fülle ist jenes, die Fülle ist dieses. Aus der Fülle geht die Fülle hervor.
Wird von der Fülle die Fülle genommen, so bleibt wahrlich die Fülle.
OM – Friede, Friede, Friede.

Īshā-Upanisad

Das Sahasrāra-Chakra, auch Kronen-Chakra oder Tausendblättriger Lotos genannt, liegt über dem Scheitelpunkt des Kopfes, außerhalb des grobstofflichen Körpers. Wie der Name besagt, hat dieser »Lotos« tausend Blätter, und es strahlen »unzählige« Nādīs (Energiebahnen) von ihm aus. Die physische Entsprechung ist das Gehirn, seine Keimsilbe ist OM, der heilige Laut.

Sahasrāra-Chakra

Eine spezielle Gottheit gibt es hier nicht, denn das Sahasrāra-Chakra ist die Wohnstätte von Shiva und Shakti in Urform – als Einheit der Göttlichkeit. Diese Erfahrung der Einheitlichkeit entspricht dem kosmischen Bewusstsein, welches auch als mystische Hochzeit beschrieben wird.

Arthur Avalon schreibt in *Die Schlangenkraft* ausführlich, aber auch recht schwer verständlich über die Entfaltung schöpferischer Kräfte im Menschen im Aufstieg durch die Chakras. Zum höchsten Chakra, dem Tausendblättrigen Lotos, heißt es bei ihm: »Über allen diesen, im leeren Raum, in welchem die Shankhini Nadi verläuft, und unter der Visarga, liegt der Tausendblättrige Lotos. Dieser Lotos, strahlend und heller als der Vollmond, hat den Blütenkopf nach unten hängen. Er wirkt zauberhaft. Seine Staubfädenbüschel sind mit der

Farbe der aufgehenden Sonne getüncht. Sein Blütenleib erstrahlt in den mit A beginnenden Buchstaben, er gilt als die absolute Wonne.«[32]

Wie dieses Beispiel zeigt, bedürfen die religiösen indischen Texte, aus dem Tantrismus geboren, einerseits immer wieder der Interpretation, und andererseits sollten sie, wie ein Samenkorn, vorsichtig in westliche Erde gelegt werden, über der die Sonne der Meditation scheinen sollte.

Wie am Anfang diese Buches beschrieben, erscheint mir der Schöpfungsprozess im Herabsteigen der Shakti wie ein Liebesweg. Der Rückweg erfolgt über das Bewusstsein und die zunehmende Erkenntnis des Menschen durch Übung. Dabei werden drei Körper, fünf Hüllen (kosha) und sieben Kraftzentren (chakra) genannt, die es im Laufe dieses Entwicklungsprozesses zu durchdringen gilt:

◎ Sthūla-Sharīra, der grobstoffliche Körper, gebildet aus Annamaya-Kosha, der aus Nahrung zusammengesetzten Hülle, mit den Chakras Mūlādhāra, Svādhisthāna und Manipūra.

◎ Sūkshma-Sharīra, der feinstoffliche Körper, gebildet aus Prānamaya-Kosha, der Hülle der Lebensenergie, und Manomaya-Kosha, der aus Denken und Fühlen gebildeten Hülle, sowie Vijñanamaya-Kosha, der erkenntnishaften Hülle, mit den Chakras Anāhata, Vishuddha und Ājñā.

◎ Kārana-Sharīra, der Kausal-Körper, gebildet aus Ānandamaya-Kosha, der wonnehaften Hülle, mit dem Sahasrāra- oder Kronen-Chakra, dem Tausendblättrigen Lotos.

Dieser Vorgang, der in der tantrischen Auflistung fast technisch erscheint, kann sich nur über ein feinstoffliches Erkennen definieren sowie über Meditation in Erfahrung bringen lassen.

Die Shakti als Kundalinī, erklärt in der weiblich-göttlichen und kosmischen Energie, führt uns so zum Eins-Sein – zu uns selbst. Manchmal führt dieser Weg auch über Umwege.

Im New-Age-Zeitalter sahen sich viele esoterische Gruppierungen dazu ermuntert, zahlreiche unterschiedliche Erklärungen zu den Chakras zu finden, die oft fast nichts mehr mit dem Tantrismus zu tun haben. Oscar Marcel Hinze hat sich da in seinen Ausführungen als Grenzgänger gezeigt und auch Vergleiche zur westlichen Philosophie eingebracht. Hier ein Auszug zum Vergleich charakteristischer Merkmale des Kundalinī-Yoga und der entsprechenden Merkmale bei dem griechischen Philosophen Parmenides: »Das grundlegende Erlebnis im Yoga wie bei Parmenides besteht zunächst darin, dass ein Weg »nach oben« zurückgelegt wird. Außerdem ist dies ein Weg, der aus der Finsternis in das Licht führt. Der Sadhaka (der Übende) fühlt sich dabei durch eine außergewöhnliche Kraft hinaufgetragen, er ist dieser Kraft gegenüber aber relativ passiv.

Aus der Traumpsychologie wissen wir, dass sich die eigenen Seelenkräfte, Neigungen und Regungen oft in symbolische Gestalten kleiden, die als von uns unabhängige, selbständige Personen (auch Tiere) handelnd auftreten. Ähnliches kann erlebt werden in anderen Zuständen als dem gewöhnlichen Traumzustand. Das Ich des Sadhaka spielt dabei die Rolle des Shiva, der ›tatenlos‹ bleibt. Gehandelt wird nur von den Shaktis. Interessant ist, dass auch im Lehrgedicht des Parmenides, gleichsam nach den tantrischen Spielregeln, die weiblichen Personen die Führung haben und überhaupt die handelnden Figuren sind. Göttinnen bringen Parmenides auf den Weg, Mädchen – die sich später als die Sonnenmädchen herausstellen – weisen den Weg. Sie sind es auch, welche die ›Hüllen‹ zurückstoßen. Am ›Tor der Bahnen von Tag und Nacht‹ verwaltet die Göttin Dike die Schlüssel. Es sind wieder die Mädchen, welche die Dike ›mit weichen Worten‹ dazu überreden, den Denker durch das Tor einzulassen. Anschließend lenken die Mädchen Wagen und Rosse mitten durch das Tor. Danach wird Parmenides von einer Göttin angesprochen und belehrt: Eine zweifache Wahrheit wolle sie ihm verkündigen, einmal die volle Wahrheit, dann aber auch ›die sterblichen Schein-Meinungen‹. Im Rahmen der Scheinwahrheit, welche im zweiten Teil des Gedichtes dargestellt ist, wird auch die Kosmogonie, der Prozess der Schöpfung, behandelt. Das Zentrum dieses Prozesses ist wiederum die Göttin, die ›alles lenkt‹ und überall ›unselige Geburt und Paarung‹ anregt. Es ist auch eine Göttin, die das Sein ›in den Banden der Grenze, die es rings umzieht‹, hält.«[33]

Also gilt auch hier: Göttinnen führen, handeln, sprechen und lenken alles Geschehen.

    Sa ham – »Ich bin sie.«

Die Grüne Tārā

Spenderin höchster Glückseligkeit
und reine Weisheit,
hinter allen Eigenschaften, unendlich wie der Himmel,
hinter allen Worten, rein und ruhig,
hinter allen Veränderungen und Formen,
schweigende Zeugin
unserer Gedanken und Gefühle.
Ich grüße die Wahrheit,
den höchsten Lehrer.

Vedischer Hymnus

5.
Die göttliche Shakti im Yoga
Sri Aurobindos

Bevor ich auf die Rolle der Shakti in den anspruchsvollen und ausführlichen philosophischen Schriften Sri Aurobindos eingehe, zunächst einige einleitende Sätze zu seiner Person: Der indische Philosoph und Yogi Aurobindo Ghose wurde 1872 in Kolkata geboren. Da sein Vater Wert auf eine moderne westliche Bildung legte, wurde er mit seinen Brüdern zur Ausbildung nach England geschickt. Nach dem Studium in Cambridge kam er 1893 nach Indien zurück, arbeitete zunächst einige Jahre in der Verwaltung und am College in Baroda und schloss sich bald der indischen nationalen Bewegung an. Aufgrund seiner intellektuellen Fähigkeiten spielte er hier bald eine tragende Rolle, doch widmete er sich in dieser Zeit auch schon eingehend dem Studium des Yoga. 1908 wurde Sri Aurobindo unter Anklage der Aufwiegelung von den Engländern inhaftiert. Im Gefängnis von Alipur hatte er eine entscheidende Erweckungserfahrung, die ihn dazu veranlasste, seinen politischen Aktivitäten den Rücken zu kehren und sich ganz auf den spirituellen Weg zu konzentrieren. Nach einem Aufsehen erregenden Prozess, der mit dem Freispruch für Sri Aurobindo endete, ging er 1910 nach Pondicherry in Südindien. 1914 traf er dort zum ersten Mal seine spätere spirituelle Gefährtin, Mira Alfassa, die im Ashram bald nur noch »Die Mutter« genannt wurde. Ab 1926 zog sich Sri Aurobindo aus dem öffentlichen Leben zurück und widmete sich bis zu seinem Tod im Jahr 1950 ganz der Entwicklung des Integralen Yoga und seiner Aufgabe, das »Supramentale« in das Erdbewusstsein herabzubringen.

Das Symbol Sri Aurobindos

Das nach unten weisende Dreieck stellt die Trinität von Dasein – Bewusstsein – Seligkeit dar. Das nach oben weisende Dreieck stellt die aufstrebende Antwort der Materie in der Form von Leben, Licht und Liebe dar. Die Schnittfläche von beiden – das Quadrat in der Mitte – ist die vollkommene Manifestation, die als Zentrum die Verkörperung des Höchsten hat – den Lotos. Das Wasser innerhalb des Vierecks stellt die Vielheit dar, die Schöpfung.

Den Schwerpunkt seiner Philosophie und des Integralen Yoga legte Sri Aurobindo auf die völlige Transformation des Menschen und der Erde. Im Folgenden zitiere ich aus dem über 900 Seiten umfassenden Standardwerk *Die Synthese des Yoga*, in dem Sri Aurobindo sein Motto »Alles Leben ist Yoga« virtuos dargelegt hat. Er führt dabei an einer Stelle das Prinzip von Īshvara-Shakti, der Dualität einer aus sich selbst heraus existierenden Gottheit (Īshvara) und der sie bewegenden Energie (Shakti), ein. Dies kann von einem spirituell Suchenden als die Einheit von Gott und Natur erfahren werden. Die transzendente universale Shakti offenbart sich in der dualen Īshvara-Shakti. Sie ist die göttliche Bewusstseins-Macht und Welten-Mutter, die zwischen dem »Ewigen Einen« und den »manifestierten Vielen« vermittelt.

Im Kapitel über die göttliche Shakti schreibt Sri Aurobindo in *Die Synthese des Yoga*: »Wir ersetzen das niedere Wirken des begrenzten, unwissenden und unvollkommenen persönlichen Willens und seiner Energie in uns durch das Wirken der göttlichen *shakti*.«[34] Es bestehe immer die Möglichkeit, sich für diese universelle Energie zu öffnen, weil sie uns überall umgibt und beständig in uns fließt. Sri Aurobindo behauptet sogar, dass wir tatsächlich keine Macht aus uns selbst in einem gesonderten individuellen Sinn hätten, sondern dass auch dieses nur eine personale Form der einen Shakti sei. Doch gebe es Mittel und Methoden, durch die wir uns ihrer Kraft bewusst werden und sie in uns freisetzen könnten. So könnten wir uns auch der Existenz und Gegenwart der universalen Shakti in den verschiedenen Formen ihrer Macht bewusst werden. Denn bisher seien wir uns nur der Macht bewusst, die in unserem »physischen Mental«, im »nervlichen Wesen« und in unserer Körperhülle geformt ist und dadurch unsere verschiedenen Tätigkeiten trägt und erhält. Wenn wir aber über diese äußere Form hinausgelangten und unsere verborgenen »Wesensschichten« durch Yoga freisetzten, würden wir einer höheren Lebenskraft gewahr, der Prāna-Shakti. Diese Shakti-Kraft werde dann unseren Körper durchdringen und aus sich selbst heraus, in anderer Weise als bisher, alle physischen und vitalen Vorgänge aufrechterhalten. Diese Kraft sei überall wahrzunehmen, und wir könnten uns ihrer auch in unserem Alltag bedienen. Wann immer wir wollen, könnten wir sie anrufen und dazu bringen, dass sie sich in uns ergießt. »Es ist das unbegrenzte Meer von *shakti,* das so viel von sich in uns ergießen will, wie wir mit unserem Wesen fassen können. Wir können die *prana*-Kraft für jede Wirkung des Lebens, des Körpers oder des Mentals viel mächtiger und wirksamer verwenden als in unserem jetzigen Tun, das durch physische Formeln begrenzt ist. Der Gebrauch der *prana*-Kraft macht uns in dem Maße von jener Begrenzung frei, wie wir fähig sind, sie anstelle unserer an den Körper gebundenen Energie zu verwenden.«[35]

Im Integralen Yoga des Sri Aurobindo geht es um Transformation. Es heißt, dass die Vervollkommnung erst dann gegeben sein könne, wenn das Verbindungs-glied zwischen mentalem und spirituellem Wirken gebildet ist und das höhere Wissen in allen Aktivitäten unseres Daseins angewandt werden kann. Dieses Verbindungsglied sei die supramentale Energie, um die es primär bei Sri Auro-bindo geht. Diese supramentale Energie (bzw. der göttliche Wille) kann dann als Weisheit, Licht und Macht das Denken, Wollen, Fühlen und Handeln des Menschen durchdringen. In einer weiteren Stufe, so bemerkt Sri Aurobindo, wird ein Yoga-Übender das Empfinden haben, dass nicht mehr er selbst denkt. In einer dritten Stufe geht es darum, dass die Īshvara-Shakti nicht nur in ihm denkt, sondern auch fühlt und handelt.[36]

Im Folgenden wird noch eine vierte Stufe beschrieben, bei der es um Glau-ben und Shakti geht: »Die drei Teile der Vervollkommnung unserer instrumen-talen Natur, deren allgemeine Grundzüge wir bis jetzt betrachtet haben als Ver-vollkommnung der Intelligenz, des Herzens, des vitalen Bewußtseins und des Körpers, Vervollkommnung der fundamentalen Seelen-Mächte und der Unter-werfung unserer Instrumente und unseres Handelns unter die göttliche *shakti,* hängen in jedem Augenblick ihres Fortschritts von einer vierten Macht ab, die in verborgener oder offenbarer Weise Angelpunkt jeglichen Bemühens und Wirkens ist: vom Glauben, *shradda.*«[37]

Sri Aurobindo führt weiter aus, dass dieser vollkommene Glaube eine Zu-stimmung des gesamten Wesens zur Wahrheit sei, durch den Glauben an den eigenen Willen der Seele. Ohne diesen »Seelen-Glauben« könne der Mensch keinen Schritt im Leben gehen. Denn der Glaube ist für Sri Aurobindo etwas sehr Zentrales, und er zitiert dazu aus der Bhagavadgīta: »Was der Glaube eines Menschen ist, das ist er selber.«

Und auch in seinem Integralen Yoga ist für Sri Aurobindo der Glaube un-entbehrlich. Dieser Glaube bezieht sich auf Gott und auf die Shakti, und damit ist der Glaube an die Gegenwart und die Macht eines »Höchsten Wesens« in uns und in der Welt gemeint. Es ist der Glaube daran, dass alles in der Welt das Wirken der einen göttlichen Shakti ist und dass sich alle Stufen des Yoga, seien es Erfolge oder Misserfolge, dem Wirken der Shakti unterwerfen müssen. Nur die absolute Unterwerfung bringe Einheit und Freiheit. Den Zweifel sieht Sri

Aurobindo als den Feind des Glaubens an; dieser sei allerdings notwendig, um in dem Ringen um Wissen aus den eigenen Irrtümern herauszukommen.[38]

Der Glaube, Shraddhā, kann also als eine Botschaft aus unserem supramentalen Wesen angesehen werden, das unser kleines Ich aufruft, sich aus seiner kleinlichen Gegenwart hinaus- und zu unserem größeren Selbst hinzubewegen. »Was dieses Einströmen empfängt und auf den Ruf antwortet, ist nicht so sehr der Intellekt, das Herz oder das Lebens-Mental, sondern die innere Seele, die die Wahrheit ihrer eigenen Bestimmung und Sendung viel besser kennt. Die Umstände, die am Anfang unsere Wahl des Pfades hervorrufen, sind nicht eigentlicher Hinweis auf die Sache, die in unserem Inneren am Wirken ist. Hier mögen Intellekt, Herz oder Verlangen des vitalen Mentals den hervorragenden Platz einnehmen; es können noch zufällige Ereignisse und äußere Anreize eine Rolle spielen. Wenn das aber alles ist, kann keine Sicherheit bestehen, dass wir dem Ruf treu bleiben und beharrlich am Yoga festhalten. Der Intellekt mag die Idee, die ihn anzog, wieder aufgeben; das Herz mag matt werden und uns im Stich lassen; das Begehren des Lebens-Mentals mag sich anderen Dingen zuwenden. Die Umstände äußerer Art sind eben nur Umhüllung der eigentlichen Wirkungen des Geistes. Wenn es in Wahrheit der Geist ist, mit dem wir in Berührung kamen, und wenn die Seele im Inneren den Ruf empfangen hat, wird der Glaube stark bleiben und allen Versuchungen, die ihn besiegen oder töten wollen, widerstehen. Nicht als ob die Zweifel des Intellekts uns nicht weiter bestürmen, das Herz nicht unschlüssig wanken und das enttäuschte Begehren des Lebens-Mentals sich nicht erschöpft niederlassen würde. Das ist gelegentlich, ja vielleicht oft, unvermeidlich, besonders bei uns, den Kindern eines Zeitalters der Intellektualität, der Skepsis und des materialistischen Leugnens geistiger Wahrheit. Unsere Zeit hat die Wolken, die sie vor das Angesicht der Sonne höherer Wirklichkeit gepinselt hat, noch nicht entfernt. Noch leistet sie dem Licht spiritueller Intuition und innerster Erfahrung Widerstand. Möglicherweise wird es noch viele solche schmerzvollen Verfinsterungen geben, über die sich schon die *Rishis* der vedischen Zeit so oft beklagten: ›Lange Verbannung aus dem Reich des Lichts …‹ Und diese Finsternis mag so dicht, die Nacht der Seele so schwarz sein, daß uns der Glaube bis zum äußersten im Stich gelassen zu haben scheint.«[39]

Sri Aurobindo weist darauf hin, dass trotz dieser Mühen und Schwierigkeiten der beständige Glaube und die Zustimmung in unseren Herzens und durch unser Handeln unentbehrlich seien. Der Glaube an die göttliche Shakti müsse dabei stets unser Rückhalt sein. Sri Aurobindo schreibt weiter über die göttliche Shakti: »Alles Wissen, alle Kräfte, jeder Triumph und Sieg, alle Tüchtigkeit und alles Wirken liegen in ihrer Hand. … Sie ist *mahesvari*, die Göttin erhabenen Wissens; sie bringt uns ihre Schau von allen Seiten und Dimensionen der Wahrheit und Aufrichtigkeit des spirituellen Willens, Ruhe und Leidenschaft ihrer supramentalen Größe, Glückseligkeit und Erleuchtung. Sie ist *mahakali*, die Göttin erhabener Stärke; bei ihr sind alle Machtvollkommenheiten, spirituelle Kraft, strengste Disziplin des *tapas*, das Vorwärtsstürmen zum Kampf, der Sieg und das überlegene Lachen, *attahasya*, das sich nichts aus Niederlage, Tod und den Mächten der Unwissenheit macht. Sie ist *mahalakshmi*, die Göttin erhabener Liebe und Seligkeit; ihre Gaben sind Anmut des Geistes, Charme und Schönheit von *ananda*, Schutz, jede göttliche und menschliche Segensfülle. Sie ist *mahasarasvati*, Göttin der Fähigkeit und des Wirkens aus göttlichem Geist; sie besitzt den Yoga und die vollkommene Kraft im Wirken.«[40]

Der Glaube an diese hier beindruckend geschilderte vollkommene Wirkkraft, der Glaube an die Shakti, wird laut Sri Aurobindo am besten erfüllt, wenn wir uns ihrer alles durchdringenden Gegenwart bewusst werden und in ihre Wirkungsweisen einwilligen. Dafür ist es nötig, an unserer Transformation zu arbeiten bzw. daran mitzuwirken. Unsere mentale, vitale und physische Natur müsse in der Vorbereitung geläutert und von den Fesseln der »niederen *prakriti*« befreit werden, um unseren noch »ichhaften Zustand« durch lichtvolle Gelassenheit zu ersetzen. Dadurch trete eine gewisse Beruhigung und Freiheit des Geistes ein und jene »niedere *prakriti*« werde durch das Wirken der universalen, göttlichen Shakti, Īshvara-Shakti, ersetzt. Doch damit nicht genug. Sri Aurobindo stellt an dieser Stelle in Bezug auf das weitere Fortschreiten im Transformationsprozess die Frage: »Durch welches Vermittlungsorgan soll die göttliche *shakti* auf das menschliche Wesen einwirken? Soll das immer nur durch das Mental und auf mentaler Ebene geschehen oder durch höhere, supramentale Gestaltung, die göttlicher Wirkungsweise angemessener ist und die mentalen Funktionen übernehmen und ersetzen wird?«[41]

Diese Ausführungen zur Shakti sind nicht einfach zu verstehen und auch nicht einfach zu erklären, weil sich Sri Aurobindo dabei einer ganz eigenen Sprache bedient, die noch dazu auch nicht leicht ins Deutsche zu übertragen war. Weil die große innere Erfahrung des Supramentalen jedoch die Quintessenz dieses Integralen Yoga ist, soll die Antwort des Meisters auf die oben gestellte Frage erneut direkt zitiert werden: »Wenn das Mental das Instrument auch dann bleiben soll, wenn wir jener göttlichen Macht bewusst werden, die Urheber und Lenker unseres gesamten inneren und äußeren Wirkens ist, wird es ihr Wissen, ihren Willen, ihr *ananda* und alles übrige immer weiter in der mentalen Ausdrucksweise zu formulieren haben. Das bedeutet, daß es das Höhere in eine niedere Art des Funktionierens übersetzen muß, die anders ist als das erhabene Wirken, das dem göttlichen Bewußtsein und seiner *shakti* ursprünglich eigen ist. Wenn das Mental innerhalb seiner eigenen Grenzen spiritualisiert, geläutert, befreit und vervollkommnet ist, mag es an sinngetreue mentale Übertragung so nahe wie möglich herankommen. Wir werden aber erkennen, daß diese Übertragung schließlich doch nur relativ und unvollkommen ist. Das Mental kann seiner Natur gemäß die aus dem Einen entspringende Fülle des göttlichen Wissens und *ananda* weder korrekt übertragen, noch aus ihr handeln.«[42]

Das Mental wird bei Sri Aurobindo stets als Instrument und Werkzeug zweiten Ranges angesehen, als eine Art Vermittler für unser »niederes Dasein«, in dem wir noch verhaftet sind. Unser Mental sei dabei zwar in der Lage, Vollkommenheit zu spiegeln und davon inspiriert zu werden, doch müsse diese Vermittlung immer noch unvollkommen bleiben, denn die göttliche Weisheit sei per se nicht mental, sondern supramental.

Daraus ergibt sich die Frage, wie weit sich ein Übender über das Mental hinaus erheben muss, um schließlich mit dem Supramentalen zu verschmelzen – und so in direktem Kontakt mit der göttlichen Shakti zu sein.

Auf zahlreichen weiteren Seiten gibt Sri Aurobindo in *Die Synthese des Yoga* Einblick in seine – durch Erfahrung gewonnene – Erkenntnis des Supramentalen, von denen hier wiederum nur einige Gedanken wiedergegeben werden sollen: »Dagegen [d. h. im Gegensatz zum Mental; Anm. d. Autorin] besitzt der supramentale Geist das wirkliche, weil innerste und totale Wissen seiner selbst, vom gesamten Universum und allem, was seine Schöpfungen und Gestaltungen in ihm sind.

Der Charakter des erhabenen Supramentals besteht weiter darin, daß sein Wissen wirkliches, totales Wissen ist. In erster Linie besitzt es die transzendente Schau und sieht das Universum nicht nur in den universalen Begriffen, sondern in seiner Beziehung zur erhabenen ewigen Wirklichkeit, aus des es hervorgeht und die es zum Ausdruck bringt. Das Supramental kennt den Geist, die Wahrheit und den Sinn des sich im Universum selbst ausdrückenden Seins ...«[43]

Sri Aurobindo weist im Folgenden darauf hin, dass auch die Philosophen des Altertums bereits versuchten, dies auszudrücken, indem sie formulierten, dass alles Wissen in seinem Ursprung und seiner Natur nach nur Erinnerung an ein im Inneren schon vorhandenes Wissen sei. Eben dies ist gemeint mit dem supramentalen Wissen, das schon immer auf allen Ebenen vorhanden war und damit insgeheim bereits im mentalen und materiellen Wesen existiert.

Wenn ich an Platons Höhlengleichnis und die darin beschriebenen »Schattenmenschen« denke, die niemals glauben würden, dass es ein Oben und die Sonne gibt, dann verstehe ich Sri Aurobindo, der immer wieder auf das Supramentale als höchste Instanz hinweist, aber auch unser Unvermögen erkennt. Er kommt in seinen Schriften wiederholt auf diesen Punkt zu sprechen und versucht, seine Erkenntnisse von ganz verschiedenen Seiten zu beleuchten und zu erklären. Hier noch zwei weitere Zitate, um seine Sicht zu verdeutlichen: »...es ist für das Mental äußerst schwierig, hier über wenige isolierte, intensive geistige Realisationen hinauszugehen oder die recht praktischen Konsequenzen aus diesen seltenen Identitäten des Wissens zu ziehen, sie auszuarbeiten und zu organisieren. Dazu ist eine größere Macht als die der Vernunft nötig, um das tiefste Wissen geistig zu begreifen und wirksam zu machen. Das kann allein das Supramentale vollbringen, da es innerlich eins ist mit dem Unendlichen. Das Supramental schaut direkt den Geist und das Wesentliche der Wahrheit als ein unteilbares Ganzes: Antlitz und Leib, Ergebnis und Aktion, die Grundsätze und was sich aus diesen ergibt.«[44]

Wenige Seiten danach heißt es außerdem: »Das höchste und universale Supramental ist das aktive Licht und das *tapas* des höchsten und universalen Selbst in seinem Aspekt als Herr und Schöpfer. Im Yoga erkennen wir Ihn als göttliche

Weisheit und Macht, als ewiges Wissen und ewigen Willen des *ishvara*«[45] bzw. als Īshvara-Shakti.

In den folgenden Zeilen beschreibt die feministische Theologin Christa Mulack die »Mutter«, mit der hier niemand anderes gemeint ist als die Īshvara-Shakti:

> *Bevor die Welt geschaffen wurde,*
> *war ich da. Ich, die heilige Weisheit.*
> *Ich war da von Anfang an,*
> *von Ewigkeit zu Ewigkeit.*
> *Ich war da, bevor die Erde geschaffen wurde,*
> *da die Tiefen noch nicht waren,*
> *da war ich schon da,*
> *da die Brunnen noch nicht im Wasser quollen.*
> *Ehe denn die Berge eingesetzt waren,*
> *vor den Hügeln war ich da.*
> *Noch bevor der Himmel feststand,*
> *bevor die Wolken zogen,*
> *bevor das Meer der Erde Grenzen setzte,*
> *da war ich da,*
> *ich, die Mutter alles Lebendigen.*
>
> *Ich bin die Mutter des Gottes,*
> *er spielte auf dem Erdboden vor mir.*
> *Meine Lust ist bei den Menschenkindern.*
> *So erlauschet sorgsam meine Stimme!*
> *Wohl denen, die in meinen Wegen wandeln!*
> *Wer mich findet, der findet das Leben,*
> *wer an mir vorübergeht, der verletzt seine Seele.*
> *Alle, die mich hassen, lieben den Tod.*[46]

Schon im Rigveda, dem ältesten der vier Veden, ist von dem Einen die Rede, das aus eigenem Antrieb existiert. Dieses »Eine« ist es, für das Sri Aurobindo die Formulierung Īshvara-Shakti gefunden hat, die aus der supramentalen Welt »geboren« ist.

> *Da war weder Sein noch Nichtsein;*
> *Nicht war Luft, noch Himmel darüber.*
> *Gab es etwas, das verborgen lag, und wo?*
> *Unter welcher Hülle?*
> *Gab es Wasser dort, unermesslich tief?*
>
> *Nicht war Tod oder Unsterblichkeit;*
> *Von Tag und Nacht kein Anzeichen.*
> *Das Eine atmete ohne Atemluft aus eigenem Antrieb.*
> *Nur Das, nichts sonst, war.*
>
> Rigveda 10.129.1–2

Ruhevoll ist sie und wunderbar,
groß und gelassen in Ewigkeit.
Nichts kann sie erschüttern,
denn alle Weisheit ist in ihr;
nichts ist ihr verborgen,
was sie zu wissen wünscht;
sie begreift alle Dinge, alle Wesen und deren Natur,
und auch, was sie bewegt,
die Gesetze der Welt und ihrer Zeitalter ,
und auch wie alles war, ist und sein wird.

Sri Aurobindo über die Große Mutter

6.
»Die Mutter« im Integralen Yoga

Das Bewußtsein Der Mutter und mein Bewußtsein sind identisch, das eine Göttliche Bewußtsein in zwei Wesen, denn dies ist notwendig für das Spiel. Nichts kann ohne ihr Wissen und ihre Kraft vollbracht werden, ohne ihr Bewußtsein – wenn jemand wirklich ihr Bewußtsein fühlt, sollte er wissen, daß ich dahinterstehe, und wenn er mich fühlt, ist es wesensgleich mit ihrem.

Sri Aurobindo

»Die Mutter« kann im Integralen Yoga in zweierlei Hinsicht verstanden werden, wobei die beiden Deutungen nicht voneinander getrennt sind. Zum einen ist damit, wie bereits beschrieben, die göttliche Energie als Shakti, also die weibliche Urkraft gemeint. Zum anderen wird Mira Alfassa, die spirituelle Gefährtin Sri Aurobindos, »die Mutter« genannt.

Mira Alfassa wurde 1878 in Paris in einem türkisch-ägyptischen Elternhaus geboren und fühlte sich schon als junges Mädchen zu spirituellen Themen hingezogen. Zu einer ersten Begegnung mit Sri Aurobindo kam es 1914, als sie mit ihrem damaligen Mann Indien besuchte. Von 1920 bis zu ihrem Lebensende blieb Mira Alfassa in Pondicherry und arbeitete an der Seite Sri Aurobindos an der Entwicklung eines neuen Bewusstseins. Ab Mitte der zwanziger Jahre, nach einer einschneidenden spirituellen Erfahrung Sri Aurobindos, die dazu führte, dass er sich ganz aus der Öffentlichkeit zurückzog, baute sie mit einigen seiner Schüler den Sri Aurobindo Ashram auf. Nach dem Tod Sri Aurobindos war sie mit der doppelten Aufgabe der inneren und äußeren Führung des Ashrams betraut und begann außerdem die gemeinsam entwickelten Pläne einer universellen Zukunftsstadt in die Tat umzusetzen. Diese Stadt der Zukunft, Auroville, wurde 1968 feierlich eingeweiht. In den letzten Jahren ihres Lebens bis zu ihrem Tod im Jahre 1973 widmete sich die Mutter vornehmlich dem Yoga der körperlichen Transformation.

Sri Aurobindo selbst sah in Mira Alfassa die Verkörperung der Göttlichen Mutter und erhob sie 1926 offiziell zur »Mutter« des Ashrams. Über die erste Begegnung mit ihr sagte er: »Als sie sich vor mir neigte, sah ich zum ersten Mal, daß Überantwortung bis in die letzte physische Zelle möglich ist.«

Sri Aurobindo wusste, dass es die verkörperte Shakti-Energie war, die sich kraftvoll in ihr bewegte und seinem Ziel diente. Außerdem halfen ihm seine seherischen Fähigkeiten, sich ganz dieser Shakti anzuvertrauen, die sofort ihn verstand und zeitlebens bei ihm blieb. Und da in Südindien die Göttliche Mutter ganz selbstverständlich verehrt wird, war es ein Leichtes, so eine außergewöhnliche Frau wie Mira Alfassa als »die Mutter« zu bezeichnen.

Die Mutter stand mit Sri Aurobindo in regem Austausch über ihre inneren Prozesse und teilte ihm auch die folgende große Yogaerfahrung mit, die ihre innere Entwicklung und ihre spätere Arbeit bestimmten. In ihren Aufzeichnungen beschrieb sie diese besondere Erfahrung: »Mein gesamtes Bewußtsein war in göttliche Kontemplation versunken, und mein ganzheitliches Sein genoß eine höchste und weite Seligkeit. Dann wurde der physische Leib, in seinen unteren Gliedmaßen erst, dann in seiner Ganzheit, von heiligem Beben erfaßt, das nach und nach alle persönlichen Grenzen, sogar in der stofflichen Empfindung, wegfallen ließ. Das Wesen wurde fortschreitend, stufenweise immer größer, jede Schranke durchbrechend, jedes Hindernis zerschlagend, um eine Kraft, ein unabläßig an Umfang und Stärke gewaltig wachsendes Vermögen zu fassen und zu offenbaren; es war wie eine zunehmende Ausdehnung der Zellen bis zur vollständigen Einswerdung mit der Erde: der Leib des erwachten Bewußtseins war der harmonisch im Ätherraum sich bewegende Erdball. Und das Bewußtsein wußte, daß sein globaler Leib sich so in den Armen der Allperson bewegte und ihr sich gab, ihr in einer Ekstase friedvoller Seligkeit sich überließ. Da fühlte das

Bewußtsein, daß sein Leib aufgenommen war in den Leib des Alls und eins mit ihm, und es wurde das Bewußtsein des Alls, reglos in seiner Gesamtheit, sich bewegend in seiner inneren Vielfältigkeit. Das Bewußtsein des Alls schwang sich zum Göttlichen aus tiefer Sehnsucht und vollkommener Hingabe, und es sah in der Herrlichkeit des makellosen Lichtes das strahlende Wesen auf einer vielköpfigen Schlange stehen, deren Körper unendlich um das All gewunden war. Und das Wesen meisterte und schuf in ewiger Triumphgebärde zugleich die Schlangen und das daraus hervorgegangene All: aufrecht auf der Schlange, beherrschte es sie mit all seiner Siegesgewalt, und dieselbe Gebärde, welche die das All umspannende Hydra zermalmte, gab ihr ewig Geburt. Da gewahrte das Bewußtsein, zu dem dies Wesen geworden war, daß seine Form sich nochmals änderte, aufgenommen in etwas, das keine Form mehr war und alle Formen enthielt, etwas Unwandelbares, das sieht: das Auge, der Zeuge. Und was Es sieht, das ist. Dann verschwand die letzte Spur von Form, und das Bewußtsein selbst wurde aufgenommen ins Unbeschreibliche, Unsägliche.

Die Rückkehr zum Bewußtsein des Einzelleibes geschah sehr langsam in unveränderter Herrlichkeit von Licht, Macht, Seligkeit und Anbetung durch aufeinanderfolgende Stufen, doch direkt – ohne von neuem durch die All- und Erdenform zu gehen. Und die bescheidene körperliche Form war gleich- sam unmittelbar – ohne Zwischenhüllen – ein Kleid des höchsten und ewigen Zeugen.«[47]

In seinem Antwortbrief schreibt Sri Aurobindo über diese Erfahrung: »Die von Dir geschilderte Erfahrung ist vedisch im eigentlichen Sinn, wenn auch nicht eine, die von modernen Yogasystemen – wie sie sich nennen – leicht an- erkannt würde. Es ist die Einung der ›Erde‹ des Veda und des Purana (beides spirituelle Erfahrungsschriften aus dem alten Indien) mit dem göttlichen Prin- zip, einer Erde, die über unserer Erde ist, das heißt, jenes physische Sein und Bewußtsein, von dem die Welt und der Leib nur Bilder sind. Doch anerkennen die modernen Yogalehrer kaum die Möglichkeit einer stofflichen Einung mit dem Göttlichen.

Den Himmel haben wir besessen, doch nicht die Erde; die Fülle des Yoga aber – in der Formel des Veda – macht ›Himmel und Erde ebenbürtig und eins‹.«[48]

Der entscheidende Teil des Weges sei die Hingabe an sie, an die Göttliche Mutter auf Erden, empfiehlt Sri Aurobindo und gibt somit die Richtung für die Zukunft an. Ziel sei es, das Supramentale auf die Erde herabzubringen. Sri Aurobindo wusste schon sehr bald, dass er dieses große Ziel nur in Verbindung mit der Mutter und mit ihrer Unterstützung angehen und vollbringen konnte. A. B. Purani beschreibt dieses bahnbrechende Ereignis in seiner Biographie *The Life of Sri Aurobindo*: »Weit davon entfernt, sich im Absoluten zu verlieren, erkannte er immer vollständiger seinen Weg und fühlte mehr und mehr das Näherkommen der Herabkunft.

Schließlich kam der große Tag. Von Anfang November [1926, Anm. d. Autorin] an wurde der Druck der Höheren Kraft beinahe unerträglich. Der Tag, auf den Die Mutter so lange gewartet hatte, kam schließlich am 24. November. Die Sonne war beinahe untergegangen, und jeder war mit seiner Arbeit beschäftigt oder befand sich am Meer, als Die Mutter Nachricht schickte, dass sich alle Schüler auf der Veranda versammeln sollten, wo gewöhnlich meditiert wurde.

Gegen sechs Uhr hatten sich alle eingefunden. Es wurde dunkel. An der Wand nahe der Tür zu Sri Aurobindos Zimmer hing genau hinter seinem Stuhl ein schwarzer Seidenvorhang mit goldener Stickerei, die drei chinesische Drachen darstellte. Wir erfuhren später, dass sich entsprechend einer chinesischen Voraussage die Wahrheit auf Erden manifestieren wird, wenn sich die drei Drachen der Erde, der mentalen Ebene und des Himmels treffen.

Tiefes Schweigen herrschte, und viele sahen eine gewaltige Lichtflut. Alle spürten einen Druck im Kopf. Die ganze Atmosphäre war energiegeladen. In diese Stille hinein hörte man ein Geräusch. Dann kam Die Mutter, gefolgt von Sri Aurobindo, langsam auf die Veranda. Sie setzte sich auf einen kleinen Schemel rechts neben Sri Aurobindo.

Dann folgte 45 Minuten lang eine Meditation, erfüllt von absoluter Stille, überströmend von der Wahrnehmung des Göttlichen. Danach verneigte sich jeder der Schüler vor Der Mutter.

Sri Aurobindo und sie gaben ihren Segen. Verneigte sich ein Schüler vor Der Mutter, dann hielt Sri Aurobindo seine rechte Hand über die Der Mutter, als wolle er seinen Segen durch ihre Hand vermitteln.

Während dieser Zeit empfingen viele klare Erfahrungen. Es war gewiß, daß ein Höheres Bewußtsein die Erde berührt hatte. Aus dieser Stille sollte der Samen einer großen spirituellen Arbeit aufgehen.«[49]

Nach diesem Ereignis war es die Mutter, die sich um die Belange der Schüler im Ashram kümmerte, während sich Sri Aurobindo, wie bereits erwähnt, ganz aus der Öffentlichkeit zurückzog und mit seinen Schülern in den folgenden Jahren nur brieflich in Verbindung stand.

Die Aufgabe, die sich die Mutter stellte, war eine beachtliche. Sie hatte sich vorgenommen bzw. war beauftragt, der Vision Sri Aurobindos, der Erschaffung einer neuen Welt aus einem neuen Bewusstsein heraus, eine konkrete Gestalt zu verleihen. Es ging dabei im Wesentlichen um ein kollektives Ideal, das durch kollektives Bemühen hin zu »einer ganzheitlichen, menschlichen Vervollkommnung« verwirklicht werden sollte. Der Aufbau des Ashrams war der erste Schritt auf dem Weg zu diesem Ziel und das Auroville-Projekt ein weiterer.

Ihre Aufgabe, schreibt Sri Aurobindo in *The Mother*, sei es, das Supramentale herabzubringen, und weiter: »Es gibt eine göttliche Kraft, die im Universum und im Einzelwesen und ebenso jenseits des Einzelnen und des Universums wirkt. Die Mutter steht für all das, aber sie wirkt hier im Körper, um etwas herabzubringen, das bisher noch nicht in dieser materiellen Welt ausgedrückt ist, um das Leben hier umzuwandeln – in diesem Sinne solltest du sie als die Göttliche Shakti (Kraft) ansehen, die hier zu diesem Zweck arbeitet. Sie ist das im Körper, aber in ihrem gesamten Bewußtsein ist sie auch mit all den anderen Aspekten des Göttlichen vereint.«[50]

Michel Klostermann, der der Mutter noch zu Lebzeiten im Ashram begegnen konnte, beschreibt die beeindruckende Erscheinung und die liebevolle Wirkung in der Gegenwart dieser beiden Weisen: »Zum Empfang einzelner Besucher saß die Mutter auf ihrem thronähnlichen Sessel, und ganz wie bei großen Festveranstaltungen des Ashram trug sie ihr feierliches, weiß und goldenes ›Staatsgewand‹. Manche Besucher haben anfangs mit starken Widerständen kämpfen müssen, wenn sie beim ›Darshan‹, der viermal im Jahr stattfand, Sri Aurobindo und die Mutter nebeneinander auf diesen thronähnlichen Stühlen sitzen sahen, wenn die endlose Menschenreihe schweigend an ihnen vorüberzog. Dieses souverän zur Schau gestellte Verhalten hat viele abgestoßen, bis man anfing zu begreifen, dass hinter der äußeren Form keinerlei Anspruch auf Persönlichkeit zum Ausdruck gebracht wurde, sondern nur die tiefe Feierlichkeit dieses Augenblicks. Augenzeugen haben mir ergriffen geschildert, welch ein Strom von Güte, welch eine Welle von Liebeskraft auf alle diejenigen überging, die fähig waren, die Identität zu erkennen, die sich ihnen in großer Demut darbot.

Als ich den Augen der Mutter zum erstenmal begegnete, war es, als sähen auch andere Augen unsichtbar durch sie hindurch mich an, und ich spürte einen starken Strom, der aus sehr weiter Ferne auf mich zukam.

Der Stuhl, auf dem ich Platz nahm, stand dem ihren dicht gegenüber. Beide Hände auf die Lehnen ihres Sessels gestützt, den Kopf wie lauschend vorgeschoben, war ihr Blick intensiv auf mich gerichtet. Es war der Blick einer Seherin. Fluoreszierend, wie hinter vielen Schleiern, als käme er aus anderen Regionen, doch voll unendlicher Güte. Und mir war, als sehen mich die Augen der Ewigkeit an, durchdringend und dennoch liebevoll. Diese innere Begegnung dauerte und hielt an. Jede eigenwillige Regung eines Urteils hätte die Tür, die sich auftat, hart wieder zugeschlagen.

Dann schloß sie ihre Augen, und die Zeit hörte auf. Der Raum wich zurück, es fielen Schranken, Schleier fielen, ein Strom flutete auf mich zu. Schweigend saßen wir uns gegenüber in innerer Begegnung, die noch andauert, wenn ich sie suche.

Als sie aufblickte, sprach sie Englisch mit mir. Sie fragte, wie mir die Fahrt zu den »gardens« gefallen hat, für deren Besuch sie mir ihren Wagen zur Verfügung gestellt hatte. Dann brachte sie das Gespräch auf die Disziplin des Körpers und auf die Bestrebungen des Ashrams, Sport und Spiele besonders zu entwickeln, da der Körper das Gefäß für das Bewusstsein sei, ein Werkzeug für die spirituelle Energie.

Ich konnte ihr danken für alles, was der Aufenthalt im Ashram mir an Erkenntnissen, Erleben und Gastfreundlichkeit entgegengebracht hat. Dann war die Zeit wieder eingetreten in den Raum nach einer Begegnung in der Zeitlosigkeit. Dies wurde mir gegenwärtig durch einen leisen Schmerz. Als ich aufstand, erhob auch sie sich. Eine kleine Weile noch standen wir uns schweigend gegenüber, dann nahm sie zwei taufrische Rosen aus einem flachen Korb, den ihr Champaklal reichte, und sagte mir ein Wort zum Abschied. Sie sah mich dabei an, und über ihr Gesicht ging ein liebevolles, und, wie mir schien, etwas wehmütiges Lächeln.«[51]

Michel Klostermann erlebt in diesen Tagen im Ashram das vielfältige Wirken der Mutter und wie vielen Menschen sie durch ihr Tun geistig und materiell eine Stütze sein konnte. Er mutmaßt, dass das Geheimnis des Ashrams möglicherweise darin liegt, dass diese ganze Gemeinschaft sich der Großen Mutter, Mahashakti, überantwortet hat, die sie in Mira Alfassa als der Mutter des Ashrams verkörpert sehen. In ihrer Gegenwart und im völligen Vertrauen in sie können sie sich sicher fühlen vor Existenzängsten und sich unter ihrem Schutz frei entfalten.

Zum Abschluss dieses Kapitels möchte ich noch kurz auf das das poetische Hauptwerk Sri Aurobindos, *Savitri*, eingehen, denn dieses spirituelle Epos ist sozusagen das »Vehikel« mit dem er darstellen konnte, was er und die Mutter eigentlich taten, während sie scheinbar einen ganz normalen Ashram leiteten. Laut der Mutter ist in diesem Werk alles enthalten, was es braucht, um das Göttliche zu verwirklichen.

Savitri geht auf eine alte indische Legende zurück, die die eheliche Treue besingt. Die Königstochter Savitri ist die Frauengestalt der Geschichte, und Satyavan ist ihr erwählter Geliebter und Gatte. Zunächst muss Savitri, die leuchtende Schöne, selbst auf die Suche nach einem Partner gehen, der ihr ebenbürtig ist. Denn er findet sich nicht in ihrer unmittelbaren Umgebung. Als sie ihn schließlich nach zweijähriger Suche weit entfernt von zu Hause findet, ist es ein Königssohn, der jedoch in der Wildnis lebt, weil sein Vater sein Königreich verloren hat. Savitri wird seine Frau und bleibt bei ihm. Sie sind sehr glücklich, bis eines Tages ihr Gatte stirbt. Savitri aber fordert den Gatten vom Tod zurück. Und nun beginnt das eigentliche Abenteuer. Sie reist ihrem Gatten nach − seinem schwindendem Bewusstsein − in viele Welten, in Welten der Dunkelheit und in Welten des klaren Lichtes, in Bereiche des Zwielichts und in die Reiche der mächtigen Götter.

All dies tut sie in ihrem eigenen Bewusstsein, während sie äußerlich mit dem toten Geliebten im Schoß still dasitzt. Die Welten existieren außerhalb von ihr und doch auch in ihr selbst. Immer wieder muss Savitri ihren Mut beweisen, denn sie begegnet Wesen, die Macht ausüben und sie verführen wollen. Als sie dem Widersacher des Lebens, dem Tod, begegnet, blicken sie sich an und messen ihre Kräfte. Sie erlebt eine unendliche Leere, und da ist niemand, der sie tröstet. Dennoch weigert sich Savitri zu glauben, dass der Tod das letzte Wort haben soll. Laut und klar ruft sie ihm durch die gottlose Leere unerschütterlich Worte des Sieges an das Leben entgegen, mit dem Anrecht auf ihren lebenden Gatten. Dann ertönt, nach einer endlosen Stille, die Stimme Gottes als Antwort:

> *Dein Denken ist meines,*
> *ich sprach mit deiner Stimme.*
> *Mein Wille ist deiner, ich wählte,*
> *was du gewählt.*
> *Alles, was du verlangst,*
> *gebe ich Erd und Menschen.*
> *Bestimmung schreiben ...*
> *durch den Treuhändler meines Wissens,*
> *die Zeit.*

Der Tod vergeht ins Licht, nur Gott und der Mensch bleiben einander erkennend von Angesicht zu Angesicht. Savitri erhält ihren Satyavan lebendig zurück, und beide brechen in sein wiedererlangtes Königreich auf und in ein neues Leben.

Diese wundervolle Liebesgeschichte beschreibt sinnbildlich, oft bis ins Detail genau, das Werk, das die Mutter und Sri Aurobindo zu tun gekommen waren. Und wie in der Geschichte schien es die Aufgabe der Mutter zu sein, den Weg zum Ziel ausfindig zu machen, nachdem Sri Aurobindo 1950 seinen Körper verlassen hatte mit der Ankündigung, von seinem »neuen Wohnsitz« aus besser seine Kraft auf sie übergehen lassen zu können.

Treten Sie aus der Enge heraus in die Weite.
Tanzen Sie Walzer an den Horizonten des Universums.

Sri Aurobindo

7.
Das Wirken der Mutter

Halte meine Worte nicht für eine Lehre. Stets sind sie eine wirkende Kraft. Sie wurden zu einem ganz bestimmten Zweck geäußert, und sie verlieren ihre eigentliche Macht, wenn sie von diesem Zweck getrennt sind.[52]

Die Mutter

In der Überlieferung heißt es, dass Mira Alfassa schon als Kind außergewöhnliche Fähigkeiten besaß. Als Vierjährige soll sie innere Offenbarungen gehabt haben. Und anstatt mit Puppen zu spielen, habe sie sich in geistiger Hingabe geübt, welches sie selbst wie folgt beschreibt: »Ich hatte einen kleinen Stuhl, auf dem ich still zu sitzen pflegte, in Meditation vertieft. Ein strahlend leuchtendes Licht pflegte dann über meinem Kopf herabzukommen und einen Wirbel in meinem Gehirn zu verursachen. Natürlich verstand ich nichts, es war nicht das Alter, um zu verstehen. Doch allmählich begann ich zu fühlen, ich werde ein gewaltiges Werk zu tun haben, von dem noch niemand weiß!«[53]

Miras Mutter verstand ihre Tochter nicht und fragte sie, warum ihr Gesicht so ernst sei, als laste die ganze Last der Welt auf ihr. Und die Tochter antwortete ihr darauf, dass es ja auch so sei, und schweigt fortan über ihre Erlebnisse. Obwohl sich Miranur in der Natur geborgen fühlt, lernt sie als gut bürgerliches Kind auch Klavierspielen, Malen und Tennisspielen.

Ohne von der indischen Götterwelt etwas zu wissen, begegnet ihr in Träumen und Meditationen ein Wesen, dem sie den Namen Krishna gibt. Sie fühlt sich von diesem Wesen innerlich geführt und fertigt für sich eine Skizze von ihm an. In der dieser Skizze erkennt sie später Sri Aurobindo.

Das Gefühl, einer göttlich geführten Mission folgen zu müssen, bleibt ein beständiger Begleiter, so dass sie als Dreizehnjährige jede Nacht, sobald sie im Bett liegt, glaubt, aus ihrem Körper herauszutreten. Sie schreibt darüber in *Glimpses of the Mother's Life*: »Ich sah mich dann ein herrliches goldenes Gewand tragen, das länger als ich selbst war; und indem ich weiter aufstieg, wurde jenes Gewand länger, *breitete sich um mich herum in einem Kreis aus* [Hervorhebung durch die Autorin], um gleichsam ein unermeßlich großes Dach über der Stadt zu bilden. Dann sah ich, wie von überall her Männer, Frauen, Kinder, Alte, Kranke, unglückliche Menschen herbeikamen; sie versammelten sich unter dem weit ausgebreiteten Gewand, baten um Hilfe, berichteten von ihrem Unglück, ihrem Leiden und ihren Schmerzen. Als Antwort darauf streckte sich das Gewand geschmeidig und gleichsam lebendig individuell zu ihnen hin, und sobald sie es berührten, waren sie getröstet oder geheilt, und sie kamen glücklicher und stärker in ihren Körper zurück, als sie es je gewesen waren, bevor sie ihn verlassen hatten!«[54]

Mira soll als Kind fast nie gelacht haben. Wenn ihr eine Ungerechtigkeit begegnete, soll sie jedoch von wilder Entschlossenheit gewesen sein. So gibt es die Geschichte, dass sie als Siebenjährige einen dreizehnjährigen Jungen verhaute, der Mädchen belästigte. Später hat sie erklärt, dass ihr die Göttin Mahakali, die für göttliche Kriegerschaft steht, dabei geholfen habe.

Nirgendwo in ihrem Leben fand Mira Alfassa in ihren jungen Jahren einen Platz für sich, und in ihrer Gottessuche war sie ganz allein. Nach einer kurzen Ehe mit Henri Morisset und der Geburt des gemeinsamen Sohnes André löste sie diese Verbindung und heiratete 1910 den Philosophen Paul Richard, der sich sehr für östliche Spiritualität interessierte und bereits einmal Sri Aurobindo getroffen hatte. Auch diese Ehe wurde später geschieden.

Erst als sie Sri Aurobindo begegnet, den sie als einen Avatār, einen Meister und Botschafter des göttlichen Willens auf Erden, erkennt, weiß sie, dass sie als Mutter zu Hause ist. Sie schreibt: »Ich kam in Pondicherry an [...] und etwas in mir sagte mir, daß ich Sri Aurobindo das erste Mal lieber ganz allein treffen wollte. Richard ging am Morgen zu ihm und ich hatte meine Verabredung am

Nachmittag. Ich stieg die Treppe zu ihm hinauf und er stand da, oben an der Treppe, und wartete auf mich … GENAU meine Vision! Genauso angezogen, dieselbe Position, dasselbe Profil, der aufrechte Kopf. Er drehte sich zu mir […] und ich sah in seinen Augen, daß ER es ist! Die beiden Dinge klickten im selben Augenblick, die innere Erfahrung wurde sofort eins mit der äußeren Erfahrung und verschmolzen miteinander – der entscheidende Flash (*the decisive shock*). Ich stand also neben ihm. Zwar war mein Kopf nicht genau auf seiner Schulter, aber da wo seine Schulter war (ich weiß nicht, wie ich es sagen soll, es war ja kein direkter körperlicher Kontakt). So standen wir Seite an Seite, schauten durch das offene Fenster, und dann fühlten wir gemeinsam, in genau demselben Moment: Nun wird das Werk vollendet! Ich fühlte, wie es mich gewaltig durchdrang, mit derselben Gewißheit, die ich in meiner Vision gefühlt hatte. Von diesem Augenblick an gab es nichts mehr zu sagen – keine Worte – nichts. Wir WUSSTEN: Das ist ES!«[55]

Am 29. März 1914, mit 37 Jahren, traf Mira Sri Aurobindo zum ersten Mal. Nach dieser einschneidenden Erfahrung ist sie zutiefst überzeugt, dass ihr Platz an seiner Seite ist, und vom 24. April 1920 an bleibt sie ganz in Pondicherry. Dieser Tag wird später zum Feiertag ernannt. Zuerst wohnt sie im eigenen gemieteten Haus und zieht später in das Haus von Sri Aurobindo, das zum Hauptgebäude des Ashrams wird.

Als Paar, als Mann und Frau, verkörpern Sri Aurobindo und die Mutter eine Symbiose aus Idee und Verwirklichung. Sri Aurobindo steht für die geistige Idee und die Mutter für die manifestierende Kraft, die diese Idee in die Tat umsetzt. »Ohne ihn wäre ich nicht, ohne mich wäre Er unoffenbart!«[56]

Sri Aurobindo, der ihr 1926 die Leitung des Ashrams allein überlässt und sich von äußeren Aktivitäten zurückzieht, würdigt ihr Schaffen als Shakti, als universale Mutter, gemäß der indischen Philosophie, mit den vier weiblich-kreativen, erschaffenden Kräften des Universums.

Diese Kräfte werden fortan im Symbol der Mutter manifestiert (siehe Seite 130). Die Mutter wählt einen Kreis mit Innenkreisen als ihr Symbol. Die runde, fließende und doch in sich geschlossene Form steht prinzipiell für das Weibliche. Die zwölf, einen Kreis umgebenden Blütenblätter stehen für die zwölf Qualitäten, die zur Manifestation der göttlichen Mutterkraft notwendig sind.

Diese sind Aufrichtigkeit, Demut, Dankbarkeit, Ausdauer, Aspiration, Empfänglichkeit, Fortschritt, Mut, Güte, Großmut, Gleichmut und Friede.

Die vier Blütenblätter im Innenkreis symbolisieren die vier Hauptaspekte der weiblichen göttlichen Kraft:

◎　Maheshwari, die Göttin der Güte und des Mitgefühls,
◎　Mahakali, die Göttin der Stärke, Leidenschaft und Willenskraft,
◎　Mahalakshmi, die Göttin der Harmonie und Anmut,
◎　Mahasaraswati, die Göttin des Wissens, der Arbeit und Ordnung.

Der Kreis im Zentrum steht für das göttliche Bewusstsein selbst.

Dieses Symbol der Mutter findet sich später auch in der Architektur des Matrimandir wieder, des Meditationsgebäudes, das zum Mittelpunkt von Auroville wird.

Am 28. Februar 1968 wurde Auroville gegründet, sieben Tage nach dem 90. Geburtstag der Mutter. Schon 1965 hatte sie eine Mappe mit ihren Aufzeichnungen von der »Zukunftsstadt Auroville« mit dem Matrimandir zusammengestellt und darin auch bereits das Matrimandir skizziert.

Diese »Stadt der Zukunft« sollte in vier Abschnitte aufgeteilt sein:

1.　ein Gebiet mit Pavillon aller Nationen,
2.　ein Gebiet für ein Kulturzentrum,
3.　ein Wohngebiet und
4.　ein Gebiet für Kleinindustrien.

Das Matrimandir (am Anfang noch »The Mother's Pavillon« genannt) sollte von einem See umgeben sein, mit großen Bäumen und vielen Blumenarten sowie kleinen Wasserfällen, Teichen mit Lilien, Brunnen und Statuen an den geschmückten Wegen. Der Innenraum, auf drei Ebenen, erhält unten im Erdgeschoss eine große Halle, darin ein unsterbliches Feuer als Flamme brennen soll.

Für den Park war geplant, dass dieser in zwölf Gärten unterteilt sein sollte, welche die zwölf Kräfte der Mutter darstellen. Verschiedene Hibiskusarten darin sollten das göttliche Bewusstsein symbolisieren.

Huta, eine ihrer Vertrauten, die am Matrimandir mitwirkten, machte sie zur Hüterin des Meditationshauses. Als diese die Mutter fragte, welche Tugenden sie haben müsse, um für diese Aufgabe würdig zu sein, sagte sie: »Sehr liebes Kind Huta, die reine Liebe aus deinem Herzen und deiner Seele ist alles, das nötig ist, um dich würdig zu machen, Hüterin des Matrimandirs zu sein. *Liebe*.«

Und in einem Brief an Huta schrieb die Mutter: »Liebe ist der Ursprung des Universums und die Macht, welche die Manifestation mit ihrem Schöpfer vereint. Sehne dich aufrichtig, und eines Tages wirst du Die Liebe fühlen und sein. Mit all meiner Liebe.«

Im Buch »Über die Liebe« sind die folgenden Zeilen der Mutter zu lesen: »Nicht durch Regeln lassen sich die Regungen der Liebe meistern. Liebe allein kann die Liebe beherrschen – sie erleuchten, umwandeln und ausweiten. Denn auch hier, mehr als irgendwo anders, besteht die Aufsicht nicht in einer Unterdrückung, einem Abschaffen, sondern in einer Umbildung, einer erhabenen Alchimie. Dies ist so, weil die Liebe von allen Kräften, die im Weltall wirken, die mächtigste, die unwiderstehlichste ist. Ohne die Liebe fiele die Welt ins Chaos des Unbewussten zurück. Das Bewusstsein ist wahrlich der Schöpfer des Alls, doch die Liebe ist sein Erlöser.« (1953)

Und an anderer Stelle schreibt sie über die »Sprossen der Liebe«: »Zuerst liebt man nur, wenn man geliebt wird. Dann liebt man spontan, will jedoch wiedergeliebt werden. Später liebt man, auch wenn man nicht geliebt wird, doch liegt einem daran, dass die Liebe angenommen wird. Und schließlich liebt man rein und einfach, ohne ein anderes Bedürfnis und ohne eine andere Freude als nur zu lieben.« (1966)

Die Vision der Mutter für eine neue Schöpfung, die von dieser Liebe durchwirkt sein sollte, basiert vor allem auf einer grundlegenden Veränderung des Bewusstseins. In zwischenmenschlichen Beziehungen sollten nicht mehr Egoismus und gesellschaftliche Konventionen im Vordergrund stehen, sondern freiere Formen der Begegnung, die auf seelischer Vereinigung und einem tiefen Erkennen in Liebe gründen.

Michel Klostermann schreibt zu dieser Vision einer neuen Form des Zusammenlebens: »Die psychologische Gegensätzlichkeit von Mann und Frau mit all ihren Machtinstinkten wird erleuchtet durch eine höchste Freiheit, die in dem spirituellen Recht des Menschen auf Selbstverwirklichung begründet ist. Auf der Basis dieser Freiheit wird sich ein Wissen über die Kräftevorgänge bei der sexuellen Vereinigung entwickeln können, das in seinen ersten Stadien zur Befreiung schöpferischer Vitalkraft führt, und in einer späteren Entwicklungsstufe zur Steigerung einer gemeinsamen seelischen Energie im Körpersystem. Auf dieser Stufe der Entwicklung kann sich eine ständig zunehmende Empfänglichkeit für höhere Bewußtseinskräfte einstellen, die es ermöglichen können, daß sich die gleiche Kraft, die der Asket durch Strenge dem Körper gegenüber befreit, in einer gemeinsamen Einswerdung in das System ergießt.

Die Voraussetzung dazu, nämlich eine seelische Verbindung zwischen Mann und Frau anstelle einer unbewußten Instinktverbindung, wurde in der Vergangenheit kaum gefördert. Die Gegebenheiten der Gesellschaft, die Interessen des Staates und Traditionsgebundenheit stehen dieser Einwendung entgegen. Hinzu kommt eine lange Überlieferung geheimer Lehren, die, meist nur unvollständig verstanden, zu schlimmeren Vorurteilen und Ängsten führten als die leichter zu durchschauenden Regeln der Gesellschaft. Urbildhafte Erlebnisse, wie zum Beispiel die ›Erbsünde‹, wurden mißbraucht und ihres eigentlichen Inhalts entleert, der in diesem Fall nicht die Verknüpfung mit der Angst vor dem Verbotenen ist, sondern die Entfaltung aus der Harmonie der Instinktnatur, in der Adam und Eva zuerst lebten, in die volle Erfahrung der Wonnenatur, die in dem vollständig befreiten Bewußtsein der Evolution enthalten ist. Der erste Schritt dorthin ist die *Erkenntnis*, die Eva stellvertretend für die schöpferische universelle *Kraft*, die *Shakti*, erlangt. *Kraft* und *Wissen* führen dann zu jener höheren Einswerdung, die zu vollziehen die beiden aufgerufen sind.«[57]

Hier wird also kurz umrissen, wie das freie Zusammenwirken von Shiva und Shakti, von Kraft und Wissen, in unbewussten zwischenmenschlichen Verbindungen in vielerlei Hinsicht in der Vergangenheit behindert war und wohin ein neues Bewusstsein im Zusammenleben zukünftig führen könnte. Der ideale Platz, um diesen Traum der Mutter für eine bessere Welt zu verwirklichen, war die Zukunftsstadt Auroville.

Am Tag der Gründung wurden die Einweihungsfeierlichkeiten vom indischen Präsidenten und von Vertretern aus 124 Nationen und auch von Repräsentanten aus verschiedenen indischen Staaten begleitet. Um das »universelle«

bzw. »planetare Eigentum« zu symbolisieren, brachten sie Erde aus ihren Heimatländern mit.

Bereits seit 1966 hatte die UNESCO in einer Resolution dieses Projekt anerkannt und ihre Unterstützung zugesagt:»Wir haben in der UNESCO jeden Weg versucht und haben versagt. Darum wenden wir uns jetzt Auroville und seiner Grundlage zu, der festen Grundlage, auf der seine menschliche Einheit, seine universelle Harmonie erreicht werden soll. Diese Grundlage ist das Göttliche im Menschen, das zu erreichen Auroville Menschen von überallher ermöglichen will. Darum ist es nicht verwunderlich, daß die UNESCO Auroville als Programm aufgenommen hat, das seine grundsätzlichen und fundamentalen Anliegen verkörpert. Die 15. Generalkonferenz der UNESCO, der ihre 125 Mitgliedsstaaten beiwohnten, nahm einstimmig diesen Beschluss an, der Auroville zum Anliegen jedes einzelnen der Mitgliedsstaaten und jedes Mannes, jeder Frau und jedes Kindes dieser Länder macht.« (M.S. Adiseshiah, Stellvertretender Generalsekretär der UNESCO)

Die Mutter verlas zur Einweihung in einer Direktübertragung des All India Radio aus ihrem Raum im Ashram-Hauptgebäude einen Gruß an die Menschen: »Grüße aus Auroville an alle gutwilligen Menschen. All jene sind eingeladen, nach Auroville zu kommen, die nach Fortschritt dürsten und ein höheres und wahreres Leben ersehnen.«

Es waren insgesamt ca. 15 000 Besucher gekommen. Nach einer gemeinsamen Meditation wurde die Gründungsurkunde von Auroville durch die Mutter verlesen und die aus vielen Ländern mitgebrachte Erde während eines festlichen Akts in einer Urne aus Marmor versiegelt.

»Freibrief der Stadt Auroville

1. Auroville gehört niemandem im besonderen. Auroville gehört der ganzen Menschheit. Aber um in Auroville zu leben, muß man bereit sein, dem Göttlichen Bewußtsein zu dienen.

2. Auroville wird der Ort einer Erziehung ohne Ende, ständigen Fortschritts und einer Jugend sein, die niemals altert.

3. Auroville möchte die Brücke zwischen der Vergangenheit und der Zukunft sein. Durch Nutzung aller äußeren und inneren Entdeckungen wird Auroville kühn zukünftigen Verwirklichungen entgegenschreiten.

4. Auroville wird der Platz materieller und spiritueller Forschung für eine lebendige Verkörperung einer wirklichen menschlichen Einheit sein.«[58]

Für Deutschland sprach Carl-Friedrich von Weizsäcker im Rundfunk: »Ich vermute doch selber auch, dass die Menschheit nicht gezwungen ist, die speziellen Arten, mit sich selbst nicht zurechtzukommen, die in der noch nicht verdauten Entwicklung der Hochkultur seit 6000 Jahren liegen, unbegrenzt weiterführen zu müssen.«

Und die damalige indische Premierministerin Indira Gandhi schrieb in einer Botschaft zur Gründung: »Pondicherry war der Ort des politischen Exils und der spirituellen Entfaltung Sri Aurobindos. Seine strahlende Botschaft leuchtete von Pondicherry in verschiedene Teile der Welt. Es ist angemessen, daß Sucher nach Erleuchtung aus verschiedenen Ländern hier eine neue Stadt gründen sollten, die Sri Aurobindos Name trägt. Es ist ein erregendes Projekt, um die Lebensbedingungen für das spirituelle Wachstum des Menschen kennenzulernen. Mag Auroville wahrhaftig eine Stadt des Lichtes und des Friedens werden.«

Im Jahre 2008 feierte die UNESCO gemeinsam mit Repräsentanten von Auroville und von Auroville International in Paris die 40-jährige Kooperation zwischen der UNESCO und der Zukunftsstadt. In seiner Ansprache würdigte der damalige Generalsekretär Koichiro Matsuura vor 700 Gästen, darunter vielen Botschaftern und bekannten Persönlichkeiten, Auroville als »ein beispielloses Experiment« und bekräftigte die Unterstützung seiner Organisation für »die Stadt der Morgenröte«.

Die Stadt, die von einer Gruppe um den französischen Architekten Roger Anger in Anlehnung an der Vision der Mutter geplant wurde und sich in Form einer Spiralgalaxie um den Zentralbereich erstreckt, ist für eine Einwohnerzahl von ca. 50 000 angelegt. Gegenwärtig leben und arbeiten ca. 2100 Menschen aus 45 Nationen in Auroville.

Die Mutter erklärte zur Weiterentwicklung des neuen Bewusstseins: »Der Mensch bereitet sich darauf vor, Zukunftsmensch zu werden. Die Erde bereitet sich auf eine neue Schöpfung vor. Das Universum bereitet sich vor, seinen göttlichen Ursprung zu erfahren.«[59]

Im Jahr 1971 entwickelt die Mutter ein neues Symbol für Auroville; es ist ein Kreis, der, um ein Zentrum angeordnet, in fünf Abschnitte aufgeteilt ist. Sah das vorherige Symbol aus wie eine sich von innen heraus entfaltende Blüte, so erklärt die Mutter das neue Symbol folgendermaßen: »Der Punkt im Zentrum stellt die Einheit, das Höchste dar, der innere Kreis die Schöpfung, die Konzeption der Stadt. Die Abschnitte stellen die Kräfte des Ausdrucks, der Verwirklichung dar.«[60] Der Mutter war bei der Darstellung dieses Symbols wichtig, dass der unterste Strich der Fünfteilung senkrecht nach unten weist.

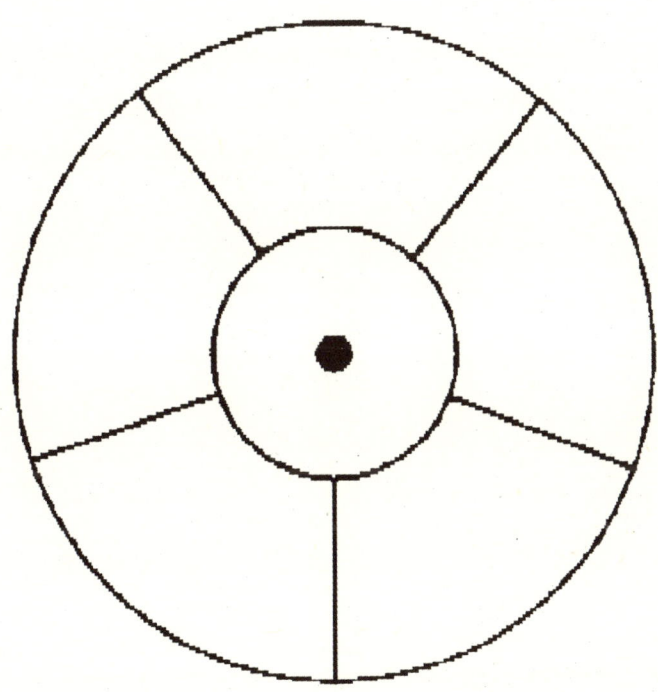

Schon lange zuvor wird diese Entwicklung im Rigveda beschrieben und zeugt
von der Erkenntnis wahrer Zeitlosigkeit:

> *Nach unten richten sich die Strahlen*
> *– oben liegt die Quelle –*
> *mögen tief sie eindringen in uns …*
> *O Varuna, hier erwache, mach weit dein Reich!*
> *Mögen wir standhalten dem Gesetz deines Wirkens*
> *und makellos sein*
> *vor der Mutter Unendlichkeit.*

Rigveda 1.24.7,11,15

Anhang

Anmerkungen

1 Zimmer: *Indische Mythen und Symbole*, S. 212

2 Eliade: *Yoga. Unsterblichkeit und Freiheit*, S. 212

3 Torwesten: *Gott ist auch Mutter*, S. 171

4 Wolz-Gottwald: *Yoga-Philosophie-Atlas*, S. 95

5 Mookerjee/Khanna: *Die Welt des Tantra in Bild und Deutung*, S. 73 f.

6 *Lexikon der östlichen Weisheitslehren*, S. 351

7 Huchzermeyer: *Das Yoga-Wörterbuch*, S. 63

8 BDY (Hrsg.): *Der Weg des Yoga*, S. 39

9 Hinze: *Tantra Vidya*, S. 143 f.

10 Ebd.

11 Eliade: *Yoga*, S. 209

12 Vgl. Gerwin: *Das Yoga-Jahr*, S. 70 ff.

13 Vgl. *Lexikon der östlichen Weisheitslehren*, S. 135 f.

14 *Lexikon der östlichen Weisheitslehren*, S. 179

15 Evans-Wentz: *Cuchama – Heilige Berge der Welt*, S. 78

16 Evans-Wentz: *Cuchama – Heilige Welt der Berge*, S. 68 f.

17 Vgl. dazu: Von Glasenapp, *Die Philosophie der Inder*

18 Ebd.

19 Vgl. *Lexikon der östlichen Weisheitslehren*, S. 101

20 Ramakrishna: *Leben und Gleichnis*, S. 11 f.

21 Ebd. S. 20 ff.

22　Ebd. S. 25 f.

23　Vgl. *Lexikon der östlichen Weisheitslehren*, S. 210

24　Vgl. ebd. S. 386

25　Swami Sivananda Radha: *Kundalini Praxis*, S. 43 f.

26　Auf den Seiten 212 bis 252 werden in *Die Schlangenkraft* die genannten sechs Göttinnen beschrieben, neben vielen weiteren Symbolen.

27　Avalon: *Die Schlangenkraft*, S. 20, Vers 7

28　Die folgenden Erklärungen der Symbole sind aus dem Buch *Die Schlangenkraft* bzw. aus *Kundalini Praxis* entnommen. Das Letztere nimmt Bezug auf den Klassiker *Die Schlangenkraft*.

29　Vgl. Avalon, *Die Schlangenkraft*, S. 223

30　Vgl. ebd.

31　Zit. n. Puthiadam und Kämpchen (Hrsg.): *Mit den Hindus beten*

32　Avalon: *Die Schlangenkraft*, S. 255

33　Hinze: *Tantra Vidya*, S. 149 f.

34　Sri Aurobindo: *Die Synthese des Yoga*, S. 763 f.

35　Ebd., S. 764

36　Vgl. ebd. S. 777 f.

37　Ebd. S. 779

38　Vgl. ebd.

39　Ebd. S. 782

40　Ebd. S. 788

41　Ebd. S. 791

42　Ebd.

43　Ebd. S. 793 f.

44　Ebd. S. 797

45　Ebd. S. 799

46　Mulack: *Am Anfang war die Weisheit* (Nach einem biblischen Text, verändert von Christa Mulack und Gerda Weiler), S. 36

47　Die Mutter: *Gebete und Meditationen*

48　Sri Aurobindo und die Mutter: *Botschaften und Verwirklichungen*

49　Entnommen aus dem Band *Auroville. Stadt des Zukunftsmenschen* von Michel Klostermann, S. 48 f.

50 Ebd. S. 64

51 Ebd. S. 64 f.

52 Prolog zum Buch *Der sonnenhelle Pfad – Ausschnitte aus Gesprächen und Schriften der Mutter*

53 Wilfried Huchzermeyer: *Die Mutter*, S. 1

54 *Glimpses of the Mother's Life* 1, S. 24 (entnommen aus Huchzermeyer, *Die Mutter*, S. 6)

55 *Mothers Agenda*, Vol. 2: S. 405 f.

56 Sri Aurobindo und die Mutter: *Botschaften und Verwirklichungen*, S. 44

57 Klostermann: *Auroville. Stadt des Zukunftsmenschen*, S. 123 f.

58 Ebd. S. 142

59 Zit. n. ebd. S. 73

60 Vgl. ebd. S. 260

Glossar

Ānanda – Seligkeit, göttliche Glückseligkeit
Āsana – Sitz, Körperhaltung

Bindu – Tropfen, Punkt
Brahmā – Schöpfergott
Brahman – das Weite, Unendliche, Absolute

Chakra – wörtl. Rad, Kreis; feinstoffliches Energiezentrum im Körper
Cit – Geist, reines Bewusstsein

Darhana – Ansicht, Anschauung, Lehrmeinung

Kaivalya – Ungebundenheit, Erlöstheit, Freiheit
Kosha – Hülle, Gefäß
Kundalinī – »Schlangen-Kraft«, die aufgerollt an der Basis der Wirbelsäule
  liegt; eine in tantrischen Schriften beschriebene verborgene Kraft im
  Menschen

Laya – Auflösung, Verschmelzung

Mandala – Kreis, Bogen
Mantra – heilige Silbe, kraftgeladenes Wort
Māyā – Täuschung, Schein, relatives Sein
Meru – Götterberg, auch Synonym für die Wirbelsäule des Menschen
Moksha – spirituelle Befreiung, Erlösung
Mudrā – Siegel, Geste, Handstellung

Nāda – Laut, Ton, Klang
Nādī – Kanal, Ader, feinstoffliche Nervenbahn für das Fließen von
     Lebensenergie

Prāna – Atem, Lebenskraft
Prakriti – Natur, Stoff, Materie
Pūjā – Anbetung, Verehrung

Rigveda – das Wissen (veda) in Versen (rig); der älteste der vier
     vedischen Texte und zugleich auch das älteste Zeugnis der indischen
     Literatur
Rishi – Seher, Weiser, Dichter

Sādhaka – Übender
Sat – zeitloses Sein
Shakti – Kraft, Energie; das dynamische, feminine Schöpfungsprinzip,
     verkörpert in der Gemahlin des Gottes Shiva
Shankara – ein bedeutender Philosoph und Heiliger Indiens (788–820)
Shiva – der Verheißungsvolle, Wohlwollende; seine Aufgabe ist die
     Auflösung und Zerstörung dessen, was überlebt ist.
Shraddhā – Glaube an das Göttliche
Shrī – Pracht, Erhabenheit,
Shruti – das Gehörte, Offenbarung
Smriti – das Erinnerte, Lehre, Tradition
Sushumnā – der wichtigster feinstofflicher Nervenkanal; verläuft im Innern
     der Wirbelsäule von deren Basis bis zur Krone des Kopfes

Tantra – Gewebe, Geflecht, System
Tattva – Soheit, Wirklichkeit, das Wesen einer Sache

Veda – Wissen; der Begriff »Veden« umfasst im weitesten Sinne die
      Gesamtheit der alten heiligen Schriften der Hindus, die von den
      Sehern und Heiligen als göttliche Offenbarung geschaut wurden.
Vidyā – Wissen, Weisheit, Erkenntnis
Vishnu – Bewahrer der Schöpfung

Yantra – Stütze, Werkzeug; mystisches Diagramm

Literatur

Sri Aurobindo: *Savitri,* Gladenbach 1992

Ders.: *Die Synthese des Yoga,* Gladenbach 2008

Arthur Avalon: *Die Schlangenkraft,* München 2010

Berufsverband Deutscher Yogalehrer (Hrsg.): *Der Weg des Yoga,* Petersberg 2003

Mircea Eliade: *Yoga. Unsterblichkeit und Freiheit,* Frankfurt a. M. 2004

Walter Evans-Wentz: *Cuchama – Heilige Berge der Welt,* Basel 1984

Roswitha Maria Gerwin: *Das Yoga-Jahr – Leben im Wandel der Jahreszeiten,* München 2006

Helmuth von Glasenapp: *Die Philosophie der Inder,* Stuttgart 1985

Oscar Marcel Hinze: *Tantra Vidya – Wissenschaft als Tantra,* Zürich 1976

Wilfried Huchzermeyer: *Das Yoga-Wörterbuch,* Karlsruhe 2007

Michel Klostermann: *Auroville. Stadt des Zukunftsmenschen,* Frankfurt a. M. 1976

Frederic Leboyer: *Weg des Lichts,* Reinbek 1992

Lexikon der östlichen Weisheitslehren, Bern – München – Wien 1986

Ajit Mookerjee und Madhu Khanna: *Die Welt des Tantra in Bild und Deutung,* Bern – München – Wien 1978

Christa Mulack: *Im Anfang war die Weisheit,* Schalksmühle 2004

Ignatius Puthiadam und Martin Kämpchen (Hrsg.): *Mit den Hindus beten,* IGFP-AIP 1987

Swami Sivananada: *Kundalini-Yoga*, München 1953

Swami Sivananda Radha: *Kundalini Praxis – Verbindung mit dem inneren Selbst*, Freiburg 1992

Ramakrishna: *Leben und Gleichnis. Die Botschaft des größten indischen Heiligen*, Bern – München – Wien 1979

Hans Torwesten: *Gott ist auch Mutter*, Planegg 1984

Eckard Wolz-Gottwald: *Yoga-Philosophie-Atlas*, Petersberg 2006

Heinrich Zimmer: *Indische Mythen und Symbole*, München 2000

Quellenverzeichnis

Texte:
Gedichte, sofern nicht anders angegeben, stammen von der Autorin.

S. 10 aus: Mircea Eliade, *Yoga. Unsterblichkeit und Freiheit*. Aus dem Französischen von Ingeburg Köck. © der deutschen Übersetzung Suhrkamp Verlag, Frankfurt a. M. 2004

S. 26 f. aus: BDY (Hrsg.), *Weg des Yoga. Handbuch für Übende und Lehrende* (ISBN 978-3-928632-02-7, 392 Seiten, 238 Zeichnungen, Hardcover) © Via Nova, Petersberg 2003

S. 31–34 Roswitha Maria Gerwin, *Das Yoga-Jahr* © Kösel Verlag, München 2006

S. 111 ff. aus: Sri Aurobindo, *Die Synthese des Yoga* © Verlag Hinder & Deelmann, Gladenbach 5. Auflage 2008

S. 117 aus: Christa Mulack, *Im Anfang war die Weisheit* © Christa Mulack 2004

S. 122 f. aus: Die Mutter, *Gebete und Meditationen* © Sri Aurobindo Ashram, Pondicherry 1993

S. 123 aus: Sri Aurobindo und die Mutter, *Botschaften und Verwirklichungen* © Sri Aurobindo Society, Pondicherry 2006

S. 124 ff. aus: Michel Klostermann, *Auroville. Stadt des Zukunftsmenschen* © Mirapuri-Verlag Klostermann KG 1976

S. 132 aus: Wilfried Huchzermeyer, *Die Mutter* © Sri Aurobindo Society, Pondicherry 2007

Abbildungen:

S. 63 Berg Kailāsh © Wikipedia (gemeinfrei)

S. 78 Durgā © Wikipedia (gemeinfrei)

S. 8, S. 12, S. 17, S. 22, S. 30, S. 74, S. 84 und die Übungsreihen »Tanz der Gelenke« und »Wenn Shiva tanzt« © Ibrahim Ot

Zeichnungen »Die sieben Chakras« (S. 16), »Aufstieg der Kundalinī« (S. 33), »Tārā« (S. 82), »Avalokiteshvara« (S. 83) sowie die Zeichnungen im Kapitel »Göttinnen der Chakras« © Katharina Kröner

S. 108, S. 110, S. 120, S. 130 © Filmaur Multimedia Klostermann KG

Der Verlag hat sich bemüht, alle Rechteinhaber ausfindig zu machen. Wenn in dem einen oder anderen Fall die Urheberrechtslage nicht hinreichend geklärt werden konnte, ist der Verlag für weiterführende Hinweise dankbar.

Danksagung

»Dankbarkeit ist das Gedächtnis des Herzens«, bemerkte der Geistliche Jean-Baptiste Massillon. Gern schließe ich mich diesen Zeilen an und danke allen von Herzen, die mir bei der Fertigstellung des Buches beigestanden haben: Der Fotograf Ibrahim Ot stellte Barbara Renn – für die von ihr sehr gut ausgeführten Yogahaltungen und als Shakti – zusammen mit Wolfgang Zäh als Shiva in ein besonderes Licht. Daniela Kreuzer hat die Übungen vom Berg Kailāsh fotografiert. Katharina Kröner zeichnete die Göttinnen der Chakras, den Avalokiteshvara und die Tārā, wobei sie in die indische Mythologie einstieg, um die Charakteristika gut zu erfassen. Roswitha Lauer tippte unermüdlich die handgeschriebenen Texte, und Jacqueline Vogel stand mir auch für aufwendige Scan-Arbeiten zur Seite. Die Lektorin Susanne Klein hat durch ihre fachkundigen Ergänzungen zur Abrundung mancher Texte beigetragen.
Herzlichen Dank!

Über die Autorin

Roswitha Maria Gerwin

ist Kulturreferentin, Leiterin und Dozentin der Integralen Yogaschule für Aus- und Weiterbildung (BDY/EYU) in der Tradition der Integralen Spiritualität.

Sie entwickelte eine Integrale Yogapraxis mit Yoga Dance. Neben ihrer Tätigkeit als Yogalehrerin ist sie auch Meditationslehrerin für Kontemplation und Zen, autorisiert durch den Zen-Meister Willigis Jäger. 2006 ist von ihr das erfolgreiche Übungsbuch *Das Yoga-Jahr* im Kösel-Verlag erschienen.

Weitere Informationen unter
www.integrale-yogaschule.de